Clemens Stern

# Der internationale Emissionshandel Post Kyoto

Clemens Stern

# Der internationale Emissionshandel Post Kyoto

## 2013 - 2020

Reihe Gesellschaftswissenschaften

**Impressum / Imprint**
Bibliografische Information der Deutschen Nationalbibliothek: Die Deutsche Nationalbibliothek verzeichnet diese Publikation in der Deutschen Nationalbibliografie; detaillierte bibliografische Daten sind im Internet über http://dnb.d-nb.de abrufbar.
Alle in diesem Buch genannten Marken und Produktnamen unterliegen warenzeichen-, marken- oder patentrechtlichem Schutz bzw. sind Warenzeichen oder eingetragene Warenzeichen der jeweiligen Inhaber. Die Wiedergabe von Marken, Produktnamen, Gebrauchsnamen, Handelsnamen, Warenbezeichnungen u.s.w. in diesem Werk berechtigt auch ohne besondere Kennzeichnung nicht zu der Annahme, dass solche Namen im Sinne der Warenzeichen- und Markenschutzgesetzgebung als frei zu betrachten wären und daher von jedermann benutzt werden dürften.

Bibliographic information published by the Deutsche Nationalbibliothek: The Deutsche Nationalbibliothek lists this publication in the Deutsche Nationalbibliografie; detailed bibliographic data are available in the Internet at http://dnb.d-nb.de.
Any brand names and product names mentioned in this book are subject to trademark, brand or patent protection and are trademarks or registered trademarks of their respective holders. The use of brand names, product names, common names, trade names, product descriptions etc. even without a particular marking in this work is in no way to be construed to mean that such names may be regarded as unrestricted in respect of trademark and brand protection legislation and could thus be used by anyone.

Coverbild / Cover image: www.ingimage.com

Verlag / Publisher:
AV Akademikerverlag
ist ein Imprint der / is a trademark of
OmniScriptum GmbH & Co. KG
Heinrich-Böcking-Str. 6-8, 66121 Saarbrücken, Deutschland / Germany
Email: info@akademikerverlag.de

Herstellung: siehe letzte Seite /
Printed at: see last page
**ISBN: 978-3-639-46760-4**

## KURZFASSUNG

Der vom Menschen, durch den Ausstoß von Treibhausgasen, verursachte zusätzliche Treibhauseffekt und der daraus resultierende Klimawandel ist eine der größten Herausforderungen unserer Zeit. Die internationale Gemeinschaft beschäftigt sich mit diesem Thema bereits seit Ende der 1970er Jahre. Mit dem Kyoto-Protokoll (KP) einigten sich die Industrieländer ihre THG-Emissionen in einer ersten Verpflichtungsperiode (zwischen 2008 und 2012) um durchschnittlich 5,2% unter das Niveau des Jahres 1990 zu senken. Um dieses Ziel zu möglichst geringen Kosten zu erreichen, wurden neben dem Instrument des internationalen Emissionshandels mit den Projekt basierten flexiblen Mechanismen Joint Implementation (JI) und Clean Development Mechanism (CDM) noch zwei zusätzliche flexible Mechanismen geschaffen, die es den Vertragsparteien ermöglichen Emissionen auch im Ausland einzusparen. Da die erste Verpflichtungsperiode des Kyoto-Protokolls im Jahr 2012 endet, beschäftigt sich die internationale Gemeinschaft bereits seit 2007 mit der Schaffung eines Nachfolgeabkommens. Entgegen dem ursprünglichen Zeitplan konnte bisher noch kein Nachfolgeabkommen verabschiedet werden.

Ziel dieser Arbeit war es den internationalen Emissionshandel auf Ebene der UNFCCC im Zeitraum von 2013 bis 2020 zu skizzieren bzw. die Änderungen, die sich nach dem Auslaufen der ersten Verpflichtungsperiode des KP auf internationaler sowie auf europäischer Ebene ergeben, darzustellen. Zusätzlich zu Literaturquellen wurden auch Meinungen und Einschätzungen von Experten zur Bearbeitung des Themas herangezogen.

Unabhängig vom Ausgang der nächsten Weltklimakonferenz in Durban wird es zu einer Lücke im internationalen Reglement (einen so genannten „Regulatory Gap") kommen, da weder eine zweite Verpflichtungsperiode im KP noch ein neues Klimaschutzabkommen rechtzeitig ratifiziert werden können. Der internationale Emissionshandel wird jedenfalls noch bis Mitte 2015 weiter bestehen.

Die geplante Energieeffizienzsteigerung der EU hat möglicherweise auch Auswirkungen auf das EU-ETS, denn die Gesamtmenge der ab 2013 auktionierten EUAs könnte gegenüber den ursprünglichen Plänen verringert werden. Bereits ab Anfang 2012 könnte die Gruppe der potentiellen Nachfrager nach EUAs um die Luftfahrtbranche erweitert werden. Ob es auch tatsächlich zur Umsetzung dieser bereits lange beschlossenen Maßnahme kommt, wird sich erst zeigen. Denn von Seiten der USA und Chinas wird massiv dagegen interveniert. Darüber hinaus ist auch eine Klage beim EuGH in dieser Sache anhängig.

Aufgrund neuer Regelungen im EU-ETS ab 2013, KP basierte Emissionszertifikate betreffend, wird sich der CDM Markt in Richtung der Least Developed Countries (LDCs) verlagern. Insgesamt werden in Zukunft weniger CDM Projekte entwickelt werden, da davon auszugehen ist, dass bis 2020 im EU-ETS ausreichend Zertifikate im Umlauf sein werden.

Das EU-ETS könnte bereits ab 2013 mit dem CH-ETS verbunden werden. Eine Verknüpfung mit dem ab 2015 geplanten australischen System bleibt abzuwarten. Verknüpfungsmöglichkeiten mit weiteren Emissionshandelssystemen sind derzeit nicht in Sicht.

## ABSTRACT

The man caused additional greenhouse effect (through emission of greenhouse gases) and the resulting climate change is one of the greatest challenges of our time. The international community deals with this topic since the late 1970s. With the Kyoto Protocol (KP), industrialized countries agreed to lower their GHG emissions in a first commitment period (between 2008 and 2012) by a mean of 5.2% below 1990 levels. To reach this goal at least cost, the instrument of international emissions trading and the project-based flexible mechanisms, Joint Implementation (JI) and Clean Development Mechanism (CDM), were created to enable the Parties to offset their emissions also abroad.

As the first commitment period of KP ends in 2012, the international community has been dealing with the creation of a successor agreement since 2007. Contrary to the original schedule, no successor agreement could be adopted so far.

The aim of this work was to describe international emissions trading at the level of the UNFCCC in the period from 2013 to 2020 and to outline the changes that occur after the expiration of the first commitment period of the Kyoto Protocol. Another aim of this work is to illustrate the changes in the EU ETS that result from internal EU regulations on the one hand and from international decisions on the UNFCCC level on the other hand between 2013 and 2020. In addition to literature sources, opinions and estimates of experts were used to process the topic.

Regardless of the outcome of the next world climate conference in Durban, there will be a gap in the international regulation (a so-called "regulatory gap"), as neither a second KP commitment period nor a new climate agreement can be ratified in time. Nevertheless international emissions trading will continue at least until mid-2015.

The planned energy efficiency increase in the EU may have an impact on the EU ETS, because the total amount of EUAs auctioned from 2013 could be reduced compared to the original plans. Already from the beginning of 2012 the group of potential EUA buyers could be expanded by the aviation industry. Whether this already long decided measure is actually implemented, remains to be seen. The U.S. and China are intervening massively against it. In addition, a lawsuit in this matter is pending at the European Court of Justice.

Because of new regulations in the EU ETS from 2013, on KP based emission credits, the CDM market is shifting towards the Least Developed Countries (LDCs). Overall fewer CDM projects will be developed in the future. As assumed, there will be enough certificates in circulation in the EU ETS by 2020.

The EU ETS could already be connected with the CH-ETS in 2013. A link to the Australian scheme proposed for 2015 remains to be seen. Linking opportunities with other emission trading schemes are not yet in sight.

# INHALTSVERZEICHNIS

# ABBILDUNGSVERZEICHNIS

# TABELLENVERZEICHNIS

## ABKÜRZUNGSVERZEICHNIS

| | |
|---|---|
| AAU | Assigned Amount Unit (Emissionszertifikate, die jenen Staaten zugeteilt werden, die im Rahmen des KP Verpflichtungen eingegangen sind) |
| AWG-KP | Ad Hoc Working Group on Further Commitments for Annex I Parties under the Kyoto Protocol |
| AWG-LCA | Ad Hoc Working Group on Long-term Cooperative Action under the Convention |
| CER | Certified Emission Reduction (Emissionszertifikate, die im Rahmen von CDM Projekten auf Basis des KP generiert werden) |
| CDM | Clean Development Mechanism (projektbasierter Mechanismus, auf Basis des KP, zur Reduktion von THG Emissionen in Entwicklungsländern) |
| CMP | Conference of the Parties acting as the Meeting of the Parties of the Kyoto Protocol (Treffen der KP Vertragsparteien) |
| CTC | Climate Technology Centre |
| CTCN | Climate Technology Centre and Network |
| COP | Conference of the Parties (Treffen der UNFCCC Vertragsparteien) |
| $CO_2e$ | Kohlenstoffdioxid Äquivalent |
| EHS | Emissionshandelssystem |
| ERU | Emission Reduction Unit (Emissionszertifikate, die im Rahmen von JI Projekten auf Basis des KP generiert werden) |

| | |
|---|---|
| EU | Europäische Union |
| EU-ETS | European Union Emission Trading Scheme |
| EuGH | Europäischer Gerichtshof |
| FKW | Fluorkohlenwasserstoffe |
| G8 | Gruppe der Acht (Deutschland, Vereinigte Staaten von Amerika, Japan,Vereinigtes Königreich, Kanada, Frankreich, Italien und Russland) |
| GIS | Green Investment Schemes (Klimaschutzprojekte, die durch den Verkauf von AAUs finanziert werden) |
| JI | Joint Implementation (projektbasierter Mechanismus auf Basis des KP, zur Reduktion von THG Emissionen in Industrieländern) |
| KP | Kyoto Protokoll |
| KRK | Klimarahmenkonvention (gleichbedeutend mit UNFCCC) |
| LDC | Least Developed Country |
| LULUCF | Land Use, Land-Use Change and Forestry |
| NAMA | Nationally Appropriate Mitigation Actions |
| NAP | Nationaler Allokation Plan |
| OECD | Organization for Economic Co-operation and Development |
| OPEC | Organization of the Petroleum Exporting Countries |
| ppm | parts per million |
| REDD(+) | Reducing Emissions from Deforestation and Forest Degradation (Klimaschutzmechanismus, der die THG |

| | |
|---|---|
| | Emissionen resultierend aus der Entwaldung der Regen wälder verringern soll) |
| SCM | Sectoral Crediting Mechanism |
| TEC | Technology Executive Committee |
| THG | Treibhausgas |
| UNFCCC | Rahmenübereinkommen der Vereinten Nationen über Klimaänderungen (engl.: United Nations Framework Convention on Climate Change) |
| WGBU | Wissenschaftlicher Beirat der Bundesregierung für Globale Umweltveränderungen |

# 1 EINLEITUNG

## 1.1 Problemstellung

Der vom Mensch, durch den Ausstoß von Treibhausgasen, verursachte zusätzliche Treibhauseffekt und der daraus resultierende Klimawandel ist eine der größten Herausforderungen unserer Zeit. Die internationale Gemeinschaft beschäftigt sich mit diesem Thema bereits seit Ende der 1970er Jahre. Der erste wichtige Schritt zur Bekämpfung der globalen Erwärmung wurde durch die Unterzeichnung der Klimarahmenkonvention (UNFCCC) auf Ebene der Vereinten Nationen 1992 gesetzt. Fünf Jahre später beschlossen die Industrieländer im Kyoto-Protokoll ihre Treibhausgasemissionen in einer ersten Verpflichtungsperiode (zwischen 2008 und 2012) um durchschnittlich 5,2% unter das Niveau des Jahres 1990 zu senken. Um dieses Ziel zu möglichst geringen Kosten zu erreichen wurden neben dem Instrument des internationalen Emissionshandels mit den projektbasierten flexiblen Mechanismen Joint Implementation (JI) und Clean Development Mechanism (CDM) noch zwei zusätzliche flexible Mechanismen geschaffen, die es den Vertragsparteien ermöglichen Emissionen auch im Ausland einzusparen.

Die Mitgliedsstaaten der EU haben ein Maßnahmenpaket beschlossen um die internationalen Emissionsziele zu erreichen. Unter anderem wurde ein Europäisches Emissionshandelssystem (EU-ETS) geschaffen, das die $CO_2$-Emissionen europäischer Kraftwerke und ausgewählter Industriebetriebe zu volkswirtschaftlich möglichst geringen Kosten senken soll. Das Europäische Emissionshandelssystem, das sich gerade in der zweiten Verpflichtungsperiode (deckungsgleich mit der ersten

Verpflichtungsperiode des Kyoto-Protokolls) befindet, ist auch mit den flexiblen Mechanismen des Kyoto-Protokolls verbunden. Im EU-ETS ergeben sich durch EU interne Regelungen einerseits und andererseits durch die ungewisse Zukunft des Kyoto-Protokolls, dessen erste Verpflichtungsperiode Ende 2012 ausläuft, ab 2013 einige Änderungen. Aus heutiger Sicht ist die Zukunft des internationalen Emissionshandels mehr als ungewiss. Auch die Zukunft des EU-ETS betreffend gibt es in einigen Bereichen noch Unklarheiten.

## 1.2 Zielsetzung

Ziel dieser Arbeit ist es, den internationalen Emissionshandel auf Ebene der UNFCCC im Zeitraum von 2013 bis 2020 zu skizzieren bzw. die Änderungen, die sich nach dem Auslaufen der ersten Verpflichtungsperiode des Kyoto-Protokolls ergeben, darzustellen. Ein weiteres Ziel dieser Arbeit ist es die Änderungen, die sich im EU-ETS durch EU interne Regelungen einerseits und durch internationale Entscheidungen auf Basis der UNFCCC andererseits von 2013 bis 2020 ergeben, darzustellen. Im Rahmen dieser Arbeit sollen nachfolgende Fragen beantwortet werden:

Welche Änderungen ergeben sich im internationalen Emissionshandel nach Auslaufen der ersten Kyoto-Verpflichtungsperiode ab 2013 aus heutiger Sicht?

Welche Auswirkungen haben diese Änderungen des internationalen Emissionshandels (Post-Kyoto) auf die dritte Verpflichtungsperiode des europäischen Emissionshandelssystems?

# 2 METHODIK

## 2.1 Literaturrecherche

Der aktuelle Stand des Wissens zum Treibhauseffekt und Klimawandel wurde auf Basis der Ergebnisse einer Literaturrecherche, in Kapitel 3, dargestellt. Auch die Kapitel „4 Internationale Klimaabkommen“, „5 Emissionshandelssysteme“, „6 Entwicklung der Emissionsmärkte“ und „7 UNFCCC Verhandlungsprozess“ basieren auf den Ergebnissen einer Literaturrecherche.

## 2.2 Experteninterviews

### 2.2.1 Interviewziel

Ziel der Expertenbefragung war es, fachkundige Meinungen und Einschätzungen zu den aktuellen Entwicklungen im Umfeld des internationalen und europäischen Emissionshandels zu generieren.

### 2.2.2 Auswahl der Interviewpartner

Bei der Auswahl der Experten für die Interviews wurde versucht, trotz der geringen Anzahl an Interviews, ein möglichst breites Meinungsspektrum zu erfassen. Deshalb wurden Experten aus verschiedenen Bereichen, mit jeweils unterschiedlichem Zugang zum Emissionshandel, kontaktiert. Von den 16 kontaktierten Experten erklärten sich schließlich fünf Experten dazu bereit, für ein Interview, zur Verfügung zu stehen.

### 2.2.3 Durchführung der Interviews

Die Experteninterviews wurden persönlich oder fernmündlich durchgeführt. Die Interviews folgten einem Interviewleitfaden (s.u.)

bestehend aus 11 offen formulierten Fragen. Die Fragen basieren auf den Erkenntnissen der vorangegangenen Literaturrecherche. Bei Bedarf wurden im Gesprächsverlauf auch nicht vorbereitete Zusatzfragen gestellt bzw. Fragen aus dem Leitfaden genauer ausgeführt und erklärt. Alle fünf Interviews dauerten jeweils ca. 40 Minuten und wurden mit Zustimmung der Experten auf Tonband aufgenommen.

### 2.2.4 Interviewleitfaden

Der Interviewleitfaden (siehe Anhang) beschäftigt sich schwerpunktmäßig mit folgenden Punkten:

- Kyoto Nachfolgeabkommen
- Regulatory Gap
- Einbindung der Luftfahrt ins EU Emissionshandelssystem
- EU-weite Emissionsobergrenze bis 2020
- Verknüpfung des EU Emissionshandelssystems mit anderen Emissionshandelssystemen
- Entwicklung der flexiblen Mechanismen des Kyoto Protokolls
- Allgemeine Entwicklung des Emissionshandels nach 2012

### 2.2.5 Auswertung

Zur Auswertung der Experteninterviews wurden in einem ersten Schritt die Tonbandaufnahmen der Interviews, mit Hilfe der kostenlosen Transkriptionssoftware „f4", wortgetreu transkribiert. Anhand der Transkriptionen wurden Kategorien erstellt, in welche einzelne Aussagen bzw. Textpassagen eingeordnet werden konnten. Für Textpassagen, die in keine Kategorie passten, aber dennoch relevant für die Beantwortung der Forschungsfrage erschienen, wurden eigene Kategorien geschaffen. Basierend auf den so geschaffen Kategorien und dem Inhalt der ihnen zugeordneten Textpassagen sowie den Erkenntnissen aus der

Literaturrecherche entstand die Detailgliederung für das Kapitel „8 Emissionshandel Post-Kyoto" dieser Arbeit.

# 3 TREIBHAUSEFFEKT UND KLIMAWANDEL

## 3.1 Klima

In der aktuellen Medienberichterstattung werden wir häufig mit dem Begriff „Klima“ konfrontiert ohne ganz genau Bescheid zu wissen, was unter diesem Begriff zu verstehen ist. Oft wird der Begriff „Klima“ mit den, uns geläufigeren, Begriffen „Wetter“ und „Witterung“ vermischt. Unter „Wetter“ versteht man die momentanen atmosphärischen Bedingungen an einem bestimmten Ort zu einer bestimmten Zeit. Das Wetter lässt sich durch verschiedene meteorologische Messgrößen wie Lufttemperatur, Luftdruck, Windrichtung und Windgeschwindigkeit, Luftfeuchtigkeit und Niederschlag beschreiben. Unter dem Begriff „Witterung“ wird der Wetterablauf von mehreren Tagen, Wochen oder auch ganzer Jahreszeiten zusammen gefasst. (Deutscher Wetterdienst, 2011)

Für den Begriff „Klima“ gibt es in der Literatur verschiedene Definitionen, die sich jedoch kaum voneinander unterscheiden. Die Weltorganisation für Meteorologie (WMO, 2011) definiert Klima als „durchschnittliches Wetter“, oder genauer als die statistische Beschreibung in Bezug auf den Mittelwert und die Variabilität der relevanten Parameter über einen längeren Zeitraum. Im Allgemeinen wird die sogenannte Normalperiode, ein Zeitraum von 30 Jahren, zugrunde gelegt. Das Klima bezieht sich, ebenso wie das Wetter und die Witterung, immer auf eine bestimmte Region. Um der geographischen Größenordnung Rechnung zu tragen wird zwischen Makro-, Meso- und Mikroklima unterschieden. Das Makroklima beschreibt das Klima ganzer Kontinente bzw. globale klimatische Zusammenhänge. Das Mesoklima bezieht sich auf Länder und Regionen mit einer Ausdehnung von bis zu mehreren hundert Kilometern. Das Mikroklima beschränkt sich auf kleinräumige Einheiten von einigen Metern bis zu einigen Kilometern. Diese geographische Unterscheidung ist wichtig da Ereignisse im Mesoklima, z.B. ein extrem warmer Sommer, nur sehr geringe oder gar keine Auswirkungen auf das Makroklima haben können. Umgekehrt ist es natürlich auch möglich, dass es trotz einer globalen Erwärmung (Makroklima) zu einer lokalen Abkühlung (Meso- bzw. Mikroklima) kommen kann.

## 3.2 Treibhauseffekt

### 3.2.1 Zusammensetzung der Erdatmosphäre

Die Erdatmosphäre besteht aus einem Gasgemisch, das allgemein als Luft bezeichnet wird, und Wasser (in allen drei Aggregatszuständen). Trockene Luft setzt sich aus 78,09%-Vol. Stickstoff ($N_2$), 20,95%-Vol. Sauerstoff ($O_2$), 0,93%-Vol. Argon (Ar) und sogenannten Spurengasen zusammen. Als Spurengase werden Gase bezeichnet, die nur in sehr geringen Konzentrationen in der Erdatmosphäre vorhanden sind. Neben den Edelgasen und Wasserstoff sind noch über 80 weitere Spurengase in der Atmosphäre zu finden. Gemeinsam mit Wasserdampf ($H_2O$) sind die Spurengase, Kohlenstoffdioxid ($CO_2$), Methan ($CH_4$), Lachgas ($N_2O$) und troposphärisches Ozon ($O_3$), für 98% des Treibhauseffektes verantwortlich. Die Menge der Spurengase in der Atmosphäre nimmt derzeit in Folge von anthropogenen Emissionen zu (Hupfer et al., 2006).

### 3.2.2 Natürlicher Treibhauseffekt

Im Zuge der medialen Berichterstattung wird häufig darauf hingewiesen, dass der Treibhauseffekt den globalen Klimawandel verursacht. Diese

Information ist nur teilweise richtig, da zwischen einem natürlichen und einem anthropogenen, also einem vom Menschen verursachten, Treibhauseffekt zu unterscheiden ist. Im Gegensatz zum anthropogenen stellt der natürliche Treibhauseffekt keinerlei Bedrohung dar. Im Gegenteil, denn ohne den natürlichen Treibhauseffekt wäre ein Leben auf der Erde, wie wir es kennen, nicht denkbar. Denn ohne die Wirkung der Treibhausgase in der Atmosphäre würde die berechnete durchschnittliche Erdoberflächentemperatur -18℃ (Kuttler, 2009) anstatt der tatsächlichen 14℃ (Jones et al., 1999) betragen.

Verursacht wird der Treibhauseffekt von drei- oder mehratomigen Spurengasen, die im langwelligen Spektralbereich (3,5 µm bis 20 µm), aufgrund ihrer asymmetrischen Molekülstruktur, Strahlung absorbieren und in weiterer Folge wieder emittieren. Neben den bereits erwähnten Treibhausgasen Wasserdampf ($H_2O$), Kohlenstoffdioxid ($CO_2$), Methan ($CH_4$), Lachgas ($N_2O$) und troposphärischem Ozon ($O_3$), sind auch mit Chlor und Brom halogenierte Kohlenwasserstoffe in der Lage langwellige Strahlung zu absorbieren. Die Treibhauswirkung der jeweiligen Stoffe hängt sowohl vom Stoff selbst als auch von dessen Quantität in der Atmosphäre ab.

Aufgrund ihrer Strahlungstemperatur von etwa 5800 K sendet die heiße Sonne überwiegend elektromagnetische Strahlungsenergie im kurzwelligen Bereich (sichtbares Licht) aus, welche auch auf die Erde trifft. Die im Verhältnis zur Sonne, kühle Erdoberfläche emittiert elektromagnetische Strahlung großteils im langwelligen Bereich. Aufgrund der selektiven Transparenz (keine Reflexion und Absorption im kurzwelligen Frequenzbereich) der Treibhausgase gelangt ein guter Teil der Solarstrahlung ungehindert bis zur Erdoberfläche. Dort wird dann ein geringer Teil reflektiert und die restliche Strahlung absorbiert. Ein Gutteil der von der Erdoberfläche ausgestrahlten langwelligen Wärmestrahlung wird von den Treibhausgasen in der Atmosphäre absorbiert. Die Treibhausgasmoleküle emittieren die zuvor absorbierte Strahlungsenergie in alle Richtungen. Etwa die Hälfte dieser Strahlungsenergie triff wieder die Erdoberfläche die andere Hälfte wird ins Weltall ausgestrahlt.

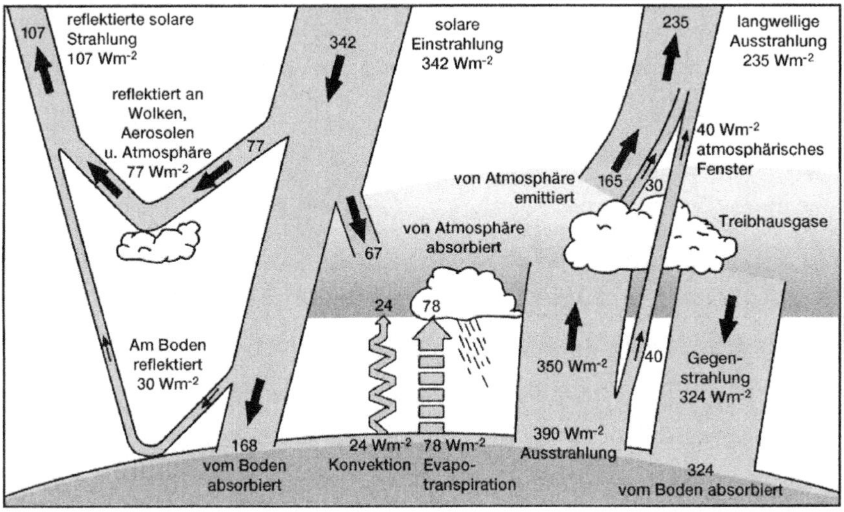


Abb. 1: Global gemittelte jährliche Energiebilanz der Erde (nach Kiehl & Trenberth, 1997)

Nach Kiehl und Trenberth (1997) führen die oben beschriebenen Strahlungsvorgänge in der Atmosphäre zu der in Abbildung 1 dargestellten globalen und über das Jahr gemittelten Strahlungsbilanz der Erde. Wonach von 342 $Wm^{-2}$ einfallender Sonnenenergie ca. 198 $Wm^{-2}$ bis zum Erdboden gelangen, davon werden 30 $Wm^{-2}$ wieder in den Weltraum reflektiert. Der Rest wird von Bestandteilen der Erdatmosphäre (Gase, Aerosole, Wolken) entweder absorbiert (67 $Wm^{-2}$) oder zurück in den Weltraum reflektiert (77 $Wm^{-2}$). Es werden also etwa 31% der einfallenden Sonnenstrahlung in den Weltraum reflektiert, knapp 20% werden von der Atmosphäre und 49% vom Erdboden absorbiert und bewirken dort deren Erwärmung. Um die Strahlungsenergiebilanz der Erde auszugleichen muss die Wärmestrahlung vom Planeten in den Weltraum 235 $Wm^{-2}$ betragen. Wolken, atmosphärische Gase und Aerosole tragen dazu mit 195 $Wm^{-2}$ bei, während im Mittel zusätzlich ca. 40 $Wm^{-2}$ direkt vom Boden durch das sogenannte atmosphärische Fenster (8 µm bis 12 µm) in den Weltraum gelangen.

Die Bilanz an der Erdoberfläche wird durch die zusätzliche Einstrahlung aufgrund der thermischen Emission der atmosphärischen Bestandteile bestimmt. Zur solaren Einstrahlung kommen 324 $Wm^{-2}$ Wärmestrahlung aus der Atmosphäre hinzu. Die atmosphärische Wärmestrahlung zum Boden stammt großteils aus den unteren, und damit wärmeren, Schichten der Atmosphäre während atmosphärische Wärmestrahlung ins Weltall überwiegend aus den oberen, und damit kälteren, Atmosphärenschichten stammt. Als Reaktion auf diese Einstrahlung von insgesamt 492 $Wm^{-2}$ stellt sich die Temperatur an der Oberfläche so ein, dass 390 $Wm^{-2}$ durch thermische Ausstrahlung, 24 $Wm^{-2}$ durch Konvektion und 78 $Wm^{-2}$ durch Verdunstung abgeführt werden.

Wegen der Analogie mit den Vorgängen in einem Gewächshaus oder Wintergarten, dessen Glasdach ebenfalls die Sonne gut durchlässt aber die Wärmestrahlung von der Erdoberfläche nicht hinauslässt, ist das hier beschriebene Phänomen als Glas- oder Treibhauseffekt bekannt. In Wirklichkeit reicht der Treibhauseffekt aber nicht aus um die starke Erwärmung im Glashaus zu erklären, dafür ist vor allem die unterbundene Konvektion (durch die Glashülle kommt es zu fast keinem Luftaustausch mit der Umgebung) verantwortlich (Schroeder, 2000).

### 3.2.3 **Anthropogener Treibhauseffekt**

Zusätzlich zum natürlichen gibt es auch noch den vom Menschen verursachten (anthropogenen) Treibhauseffekt. Durch menschliche Aktivitäten stieg seit Beginn der industriellen Revolution die Konzentration natürlicher Treibhausgase ($CO_2$, $CH_4$ und $N_2O$) in der Atmosphäre deutlich an. Zusätzlich gelangten fluorierte Gase (F-Gase) in die Atmosphäre. F-Gase sind äußerst langlebig und haben ein hohes Treibhauspotential. Das Treibhauspotential ist ein relativer Wert und gibt an wie viel einer bestimmte Menge eines Treibhausgases zum Treibhauseffekt beiträgt. Kohlenstoffdioxid dient als Referenzwert. Meist wird die Erwärmungswirkung über einen Zeithorizont von 100 Jahren betrachtet, jedoch sind auch Betrachtungszeiträume von 20 bzw. 500 Jahren üblich. Das Treibhauspotential eines Spurengases wird von zwei verschiedenen Faktoren bestimmt. Einerseits von der Fähigkeit Wärmestrahlung zu absorbieren und andererseits von der Verweilzeit in der Atmosphäre (IPCC, 1996). In Tabelle 1 werden die Treibhauspotentiale und die Verweilzeit in der Atmosphäre für einige ausgewählte Treibhausgase dargestellt.

Zusätzlich zu den emittierten Treibhausgasen haben auch andere menschliche Aktivitäten Auswirkungen auf die Strahlungsbilanz des Klimasystems und damit den Treibhauseffekt.

Um eine externe Störung der Strahlungsbilanz des Klimasystems der Erde zu beschreiben wurde vom IPCC (1990) der Begriff Strahlungsantrieb eingeführt. Eine Störung der Strahlungsbilanz führt zu einer Änderung der Energiemenge (Sonnenstrahlung plus langwellige Strahlung in $Wm^{-2}$), die von der Erdoberfläche absorbiert wird. Dieses Ungleichgewicht in der Strahlungsbilanz ist dazu in der Lage Klimaparameter zu verändern und damit einen neuen

Gleichgewichtszustand im Klimasystem herbeizuführen. Ein positiver Strahlungsantrieb neigt dazu die Oberfläche zu erwärmen während ein negativer Strahlungsantrieb dazu neigt sie zu kühlen. In Abbildung 2 werden die Strahlungsantriebe inklusive der jeweiligen Unsicherheit für die verschieden Einflussfaktoren seit 1750 dargestellt.

Tabelle 1: Treibhauspotentiale ausgewählter Gase (IPPC, 2007a)

| Bezeichnung | Summenformel | Verweildauer (in Jahren) | Treibhaus Potential (Zeithorizont) | | |
|---|---|---|---|---|---|
| | | | 20 Jahre | 100 Jahre | 500 Jahre |
| Kohlenstoffdioxid | $CO_2$ | variabel | 1 | 1 | 1 |
| Methan | $CH_4$ | 12 (± 3) | 56 | 21 | 6,5 |
| Lachgas | $N_2O$ | 120 | 280 | 310 | 170 |
| Schwefelhexafluorid | $SF_6$ | 3200 | 16300 | 23900 | 34900 |
| Teilhalogenierte Fluorkohlenwasserstoffe (H-FKW/HFC) | | | | | |
| HFC-23 | $CHF_3$ | 264 | 9100 | 11700 | 9800 |
| HFC-32 | $CH_2F_2$ | 5,6 | 2100 | 650 | 200 |
| HFC-41 | $CH_3F$ | 3,7 | 490 | 150 | 45 |
| HFC-43-10mee | $C_5H_2F_{10}$ | 17,1 | 3000 | 1300 | 400 |
| HFC-125 | $C_2HF_5$ | 32,6 | 4600 | 2800 | 920 |
| HFC-134 | $C_2H_2F_4$ | 10,6 | 2900 | 1000 | 310 |
| HFC-134a | $CH_2FCF_3$ | 14,6 | 3400 | 1300 | 420 |
| HFC-152a | $C_2H_4F_2$ | 1,5 | 460 | 140 | 42 |
| HFC-143 | $C_2H_3F_3$ | 3,8 | 1000 | 300 | 94 |
| HFC-143a | $C_2H_3F_3$ | 48,3 | 5000 | 3800 | 1400 |
| HFC-227ea | $C_3HF_7$ | 36,5 | 4300 | 2900 | 950 |
| HFC-236fa | $C_3H_2F_6$ | 209 | 5100 | 6300 | 4700 |
| HFC-245ca | $C_3H_3F_5$ | 6,6 | 1800 | 560 | 170 |
| Perfluorierte Kohlenwasserstoffe (FKW/PFC) | | | | | |
| Perfluormethan | CF4 | 50000 | 4400 | 6500 | 10000 |
| Perfluorethan | $C_2F_6$ | 10000 | 6200 | 9200 | 14000 |
| Perfluorpropan | $C_3F_8$ | 2600 | 4800 | 7000 | 10100 |
| Perfluorbutan | $C_4F_{10}$ | 2600 | 4800 | 7000 | 10100 |
| Perfluorcyclobutan | c-$C_4F_8$ | 3200 | 6000 | 8700 | 12700 |
| Perfluorpentane | $C_5F_{12}$ | 4100 | 5100 | 7500 | 11000 |
| Perfluorhexan | $C_6F_{14}$ | 3200 | 5000 | 7400 | 10700 |

Wie aus der Abbildung 2 ersichtlich ist, trägt die anthropogen verursachte Zunahme von $CO_2$ in der Atmosphäre mehr zur globalen

Erwärmung bei als alle anderen Treibhausgase anthropogenen Ursprungs. Auch der Anstieg an troposphärischem Ozon, verursacht durch Stickstoffoxide, Kohlenmonoxid und Kohlenwasserstoffe, führt zu einer Erwärmung. Die Ausdünnung der stratosphärischen Ozonschicht hat hingegen einen gegenteiligen Effekt. Auch das Rückstrahlvermögen (Albedo) der Erdoberfläche wird durch anthropogenen Einfluss verändert. Ablagerungen von schwarzen Ruß-Partikeln auf Schnee und Eis reduzieren die Albedo und sorgen so für eine Erwärmung während die Veränderung der Oberfläche durch verstärkte Landnutzung einen kühlenden Effekt hervorruft. In die Atmosphäre entlassene Aerosole haben sowohl direkt als auch indirekt (durch die Veränderung der Wolken Albedo) einen negativen Strahlungsantrieb und damit eine kühlende Wirkung. Kaum Auswirkungen haben Kondensstreifen, während der natürliche Anstieg der solaren Strahlungsintensität einen positiven Strahlungsantrieb bedeutet. In Summe liegt der anthropogen verursachte Strahlungsantrieb, trotz einer hohen Schwankungsbreite, deutlich im positiven Bereich.

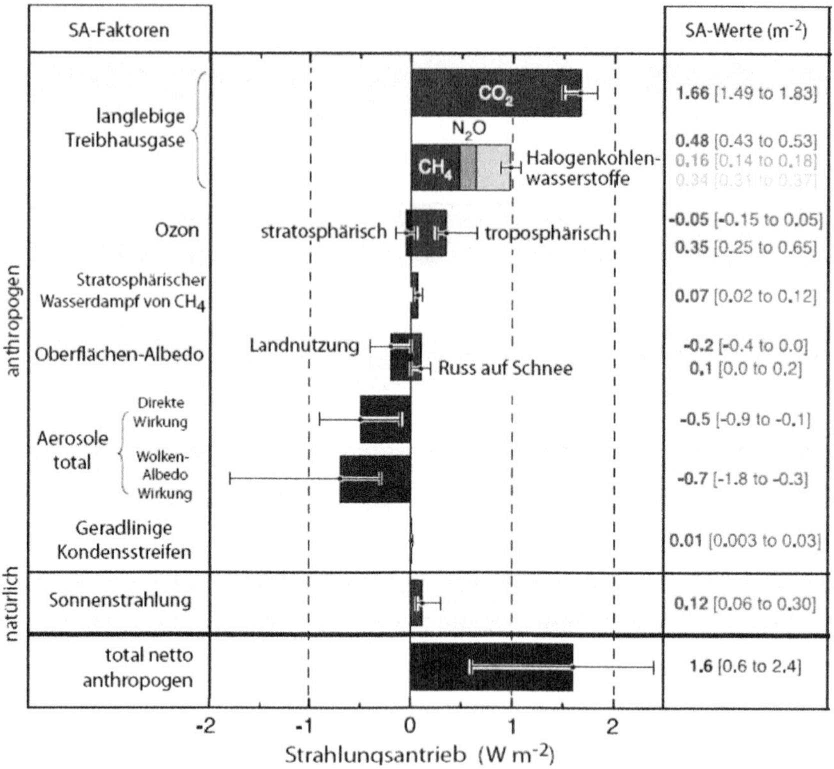


Abb. 2: Global gemittelter Strahlungsantrieb (SA) verschiedener Klimafaktoren und Summe aller anthropogen verursachten Änderung seit 1750 (IPCC, 2007b)

## 3.3 Klimawandel und globale Erwärmung

Die Begriffe globale Erwärmung und Klimawandel werden meist synonym verwendet und beschreiben die Anstiege der mittleren globalen Luft- und Meerestemperaturen in den letzten Jahrzehnten und den vermuteten zukünftigen Anstieg.

Das letzte Jahrzehnt (2000 bis 2009) war mit Abstand das wärmste je gemessene, gefolgt von den 1990er Jahren, die wiederum wärmer waren als die 1980er Jahre (Met Office, 2009). Zwischen 1906 und 2005 hat sich die durchschnittliche Lufttemperatur in Bodennähe um 0,74℃ (± 0,18℃) erhöht. Es ist wichtig anzumerken, dass die Temperatur nicht überall auf der Erde gleichmäßig angestiegen ist. So haben sich Landmassen stärker erwärmt als Ozeane und die Temperaturen in der Arktis haben sich beinahe doppelt so schnell gesteigert als der globale Mittelwert während die Durchschnittstemperaturen in Teilen der Antarktis sogar gesunken sind (IPCC, 2007b).
Abbildung 3 zeigt die Änderung der mittleren globalen Temperatur, des mittleren globalen Meeresspiegels und der Schneebedeckung auf der Nordhalbkugel im Vergleich zum jeweiligen Durchschnittswert der Jahre 1961 bis 1990. Die geglätteten Kurven repräsentieren die über ein Jahrzehnt gemittelten Werte, während Punkte die Jahreswerte darstellen. Die blau schattierten Flächen zeigen die geschätzten Unsicherheitsbereiche.

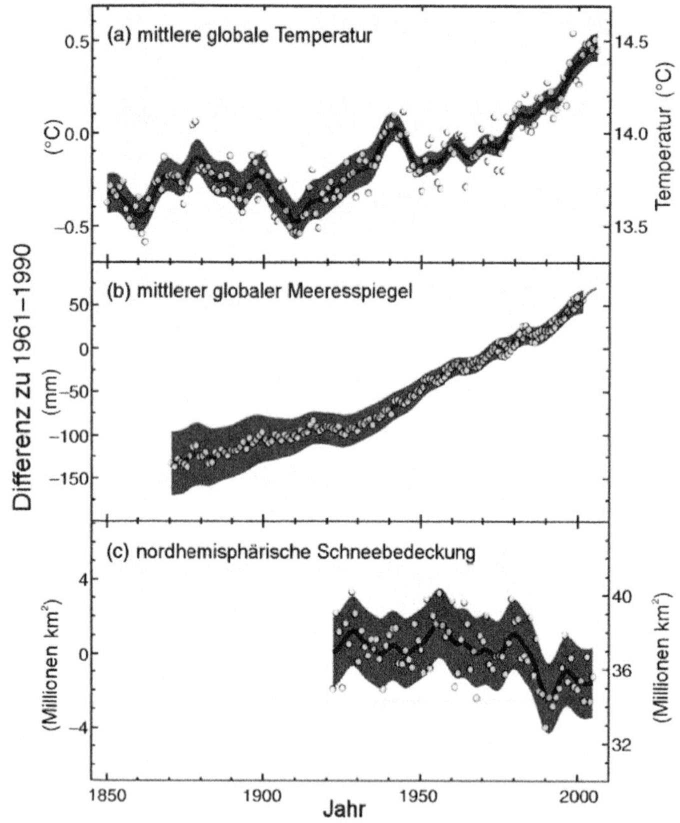


Abb. 3: Beobachtete Änderungen (a) der mittleren globalen Erdoberflächentemperatur; (b) des mittleren globalen Meeresspiegels und (c) der nordhemisphärischen Schneebedeckung im März und April (IPCC, 2007b)

Der lineare Erwärmungstrend über die letzten 50 Jahre ist beinahe zweimal so groß wie derjenige über die letzten 100 Jahre. Auch der Anstieg des global gemittelten Meeresspiegels und der Rückgang der nordhemisphärischen Schneebedeckung stehen im Zusammenhang mit dem verstärkten Temperaturanstieg der letzten Jahrzehnte.

Sowohl die Mitgliedsstaaten der EU, die G8 als auch die Mitgliedsstaaten der UNFCCC haben beschlossen die globale

Erwärmung auf 2°C im Vergleich zum vorindustriellen Temperaturniveau zu begrenzen. Das 2-Grad-Ziel wurde erstmals von William Nordhaus (1977) formuliert. Der Ökonom argumentierte, dass es sinnvoll sei die für die vorausgegangenen hunderttausend Jahre Menschheitsgeschichte ermittelte Höchsttemperatur nicht zu überschreiten. Nordhaus lieferte jedoch keine Daten um seine These zu untermauern, die daraufhin wenig Beachtung fand. Fast zwei Jahrzehnte später beschreibt der WBGU (1995) ein tolerierbares Temperaturfenster, das sich aus der Schwankungsbreite der Temperatur der letzten 2,6 Millionen Jahre und einer zusätzlichen Toleranz von 0,5°C an beiden Rän dern ergibt. Danach ergibt sich ein tolerierbares Temperaturfenster von 9,9°C bis 16,6°C. Vergleicht man das mit der vorindustriellen Mitteltemperatur kann man auch hier von einer maximal zulässigen Temperaturzunahme von 2°C sprechen.

Der derzeitige Strahlungsantrieb von 1,6 $Wm^{-2}$ führt auf Dauer zu einer Erwärmung um 1,3°C. Aufgrund der thermischen Trägheit der Ozeane wird eine Verzögerung um einige Jahrzehnte verursacht. Deshalb ist bisher erst einer Erwärmung von rund 0,8°C (s.o.) feststellbar (WGBU, 2009). Um die Globale Erwärmung auf maximal 2°C zu begrenzen muss die $CO_2$ Konzentration in der Atmosphäre bis 2100 bei ca. 450 ppm stabilisiert werden. Seit Beginn der Industrialisierung ist der $CO_2$ Gehalt in der Atmosphäre bereits von 280 ppm auf über 370 ppm angestiegen. Um das definierte Ziel zu erreichen, müssen die globalen THG-Emissionen bis Mitte des Jahrhunderts mindestens um 90% (im Vergleich zu 2005) reduziert und in weiterer Folge auf null gesenkt werden (Weaver et al., 2007)

# 4 INTERNATIONALE KLIMAABKOMMEN

## 4.1 Historische Entwicklung

Aufgrund zahlreicher Klimaanomalien (vor allem starke Dürre- und Trockenperioden), die während der 1970er Jahre über den Globus verteilt auftraten, lud die WMO im Februar 1979 zur ersten Weltklimakonferenz. Dort wurden erstmals die Konsequenzen einer möglichen Klimaänderung aufgrund der zunehmenden $CO_2$ Konzentration in der Atmosphäre auf breiter Basis diskutiert. In einer Abschlusserklärung wurde bereits damals darauf hingewiesen, dass die Zunahme des $CO_2$-Gehaltes in der Atmosphäre die höchste Aufmerksamkeit der internationalen Staatengemeinschaft verdiene, weil eventuell auch gravierende langfristige Veränderungen des globalen Klimas verursacht werden könnten. Als eine Konsequenz dieser Klimakonferenz wurde von der WMO das „World Climate Programme" ins Leben gerufen um Klimaänderungen und deren Ursachen genauer zu erforschen (Matthes, 2008; Zillman, 2009).

1985 wurde bei einer von der WMO und dem United Nations Environment Programme (UNEP) veranstalteten Konferenz in Villach der anthropogene Einfluss auf den Klimawandel diskutiert. Die geladenen Experten warnten davor, dass die Treibhausgase in der ersten Hälfte des 21. Jahrhunderts einen Anstieg der mittleren Erdtemperatur bewirken werden, der größer sein wird als alle bisherigen in der menschlichen Geschichte. Dies könnte die Meeresspiegel um bis zu 1m ansteigen lassen. Die Konferenz berichtete ebenfalls darüber, dass nicht nur $CO_2$, sondern auch $CH_4$, $O_3$, FCKW und $NO_x$ zur globalen Erwärmung beitragen (Marshall, 2009). Das Problem der globalen

Erwärmung wurde 1988 erstmals auf hochrangiger politischer Ebene diskutiert, auf dem G 7-Gipfel in Toronto sowie in der UN-Vollversammlung. Im selben Jahr fand eine Klima-Konferenz ebenfalls in Toronto statt, die im Schlusskommunikee dazu aufrief, die $CO_2$-Emissionen bis 2005 um 20% (gegenüber 1988) zu senken. Im Dezember desselben Jahres gründen WMO und UNEP das internationale Experten-Gremium Intergovernmental Panel on Climate Change (IPCC), das die wissenschaftlichen, technischen und sozioökonomischen Auswirkungen des Klimawandels untersuchen und die Politik dazu künftig beraten soll (WGBU, 2001).

Nach den anfänglichen Erfolgen in der internationalen Klimapolitik kehrte eine Phase des Stillstandes ein. Ausschlaggebend waren Interessenkonflikte zwischen den Industrienationen. Auf der einen Seite betrachteten kontinentaleuropäische Staaten den Klimawandel und seine Folgen als potentielle Bedrohung und die Begrenzung des Ausstoßes von Treibhausgasen als Chance um unabhängiger von Importen fossiler Energieträger zu werden. Auf der anderen Seite sprachen sich die Sowjetunion (später Russland), Japan, Großbritannien und die USA gegen eine Emissionsbeschränkung von Treibhausgasen aus. Vor allem die Sowjetunion und die USA, zwei der weltgrößten Produzenten von Kohle, Erdöl und Gas, befürchteten einen Nachteil für ihre jeweiligen Volkswirtschaften durch eine etwaige Emissionsbeschränkung. Außerdem sah sich die Sowjetunion als Gewinner der fortschreitenden Erderwärmung. Die Entwicklungsländer brachten sich schon früh in die Klimadiskussion ein. Vor allem verwiesen sie auf die Hauptverantwortung der Industrieländer für den anthropogen verursachten Treibhauseffekt. Die Entwicklungsländer lehnten deshalb eigene Verpflichtungen zur Emissionsreduktion ab und verlangten einen

Finanz- und Technologietransfer. Schnell wurden aber auch in dieser Gruppe Interessenunterschiede deutlich. Zwei Gruppen vertraten dabei von der Mehrheit der Entwicklungsländer abweichende Positionen. Kleine Inselstaaten, die ihre Existenz durch einen Anstieg des Meeresspiegels bedroht sehen, schlossen sich zur Alliance of Small Island States (AOSIS) zusammen um schon frühzeitig weit reichende Reduktionsziele zu fordern. Im Gegensatz dazu sträubten sich die Erdöl exportierenden OPEC-Staaten gegen eine wirksame Begrenzung der $CO_2$-Emissionen, von der sie ihre Exportmärkte bedroht sahen (WGBU, 2001).

Trotz dieser unterschiedlichen Standpunkte gab es weiterhin Fortschritte in der Klimapolitik. Nach der Veröffentlichung des ersten Sachstandberichts des IPCC, in dem der Einfluss anthropogener Aktivitäten auf den Klimawandel „mit hoher Wahrscheinlichkeit" bestätigt wurde, forderten die Teilnehmer der 2. Weltklimakonferenz in Genf 1990 eine Klimakonvention auf Ebene der Vereinten Nationen. Als Reaktion darauf betraute die UN-Vollversammlung das International Negotiating Committee mit der Ausarbeitung einer Klimarahmenkonvention (KRK) (Loske, 1990). Nach zweijährigen Verhandlungen wurde das Ergebnis, das Rahmenübereinkommen der Vereinten Nationen über Klimaänderungen (United Nations Framework Convention on Climate Change (UNFCCC)), bei der Konferenz der Vereinten Nationen über Umwelt und Entwicklung in Rio de Janeiro 1992 von 152 Nationen unterzeichnet. Die Konvention trat am 21. März 1994, 90 Tage nach der Ratifizierung von mindestens 50 Vertragsparteien, in Kraft. Bis heute unterzeichneten 194 Staaten und die EU die KRK (UNFCCC, 2011a).

Ziel der KRK ist

> *„ ... die Stabilisierung der Treibhausgaskonzentrationen in der Atmosphäre auf einem Niveau zu erreichen, auf dem eine gefährliche anthropogene Störung des Klimasystems verhindert wird. Ein solches Niveau sollte innerhalb eines Zeitraums erreicht werden, der ausreicht, damit sich die Ökosysteme auf natürliche Weise den Klimaänderungen anpassen können, die Nahrungsmittelerzeugung nicht bedroht wird und die wirtschaftliche Entwicklung auf nachhaltige Weise fortgeführt werden kann."*

(UNFCCC, 1992)

Um die Entwicklung der Treibhausgasemissionen zu verfolgen, haben sich die Vertragspartner dazu verpflichtet, regelmäßige Berichte (die so genannten National Communications) zu veröffentlichen. In Artikel 4 der KRK ist die gemeinsame, aber differenzierte Verantwortung zwischen Industrie- und Entwicklungsländern festgehalten (UNFCCC, 1992). Das soll dem Umstand Rechnung tragen, dass die Industriestaaten bereits seit Beginn der Industrialisierung Treibhausgase emittierten, und auch heute noch für hohe absolute und hohe Pro-Kopf-Emissionen verantwortlich sind (Kiyar, 2008).

Somit war der Rahmen für internationale Klimavereinbarungen geschaffen, was noch fehlte war die inhaltliche Ausgestaltung. Die KRK (UNFCCC, 1992) legt in Artikel 7 fest, dass sich die Vertragsparteien einmal jährlich im Rahmen einer Konferenz (Conference of the Parties (COP)) treffen, um über Klimaschutzmaßnahmen zu beraten. Ergebnis der ersten COP 1995 in Berlin war das Berliner Mandat. Darin kam man überein, dass die Klimaschutzmaßnahmen verstärkt werden mussten um das langfristige Ziel der KRK zu erreichen. Außerdem beschloss man bis

1997 ein Zusatzprotokoll auf Basis der KRK mit Maßnahmen zur Reduktion von Treibhausgasen und Emissionsbegrenzungs- bzw. Reduktionszielen zu bestimmen und zu verhandeln (Kiyar, 2008). Dieses Zusatzprotokoll sollte im Rahmen der Ad Hoc Gruppe Berliner Mandat (AGBM) ausverhandelt werden. Im Rahmen der AGBM Verhandlungen präsentierten diverse Staaten und Interessensgruppen verschiedene Vorschläge zum Umfang und Zeitraum der Emissionsbeschränkung. Nach acht Verhandlungsrunden übermittelte das AGBM der dritten COP in Kyoto einen Entwurf zur abschließenden Verhandlung. Trotz der zahlreichen unterschiedlichen Positionen konnte man sich in Kyoto auf ein Zusatzprotokoll (Kyoto-Protokoll (KP)) zur KRK einigen, in dem sich die meisten Industrieländer rechtsverbindlich zu einer Begrenzung ihrer Treibhausgase verpflichteten (Oberthür & Ott, 2000; Nolte & Oppel 2008).

## 4.2 Kyoto-Protokoll

### 4.2.1 Einleitung

Auf der COP in Kyoto einigten sich die Teilnehmer darauf, dass die industrialisierten Nationen (angeführt in Annex-I der KRK) ihren Ausstoß an Treibhausgasen im Zeitraum von 2008 bis 2012 gemeinsam um mindestens 5,2% (in $CO_2$ Äquivalenten ($CO_2e$)) unter das Niveau von 1990 senken.

Das KP wurde am 16. März 1998 zur Zeichnung aufgelegt. Es sollte 90 Tage nach der Ratifizierung durch 55 Vertragsparteien, darunter Annex-I Nationen, die gemeinsam für 55% der THG-Emissionen dieser Ländergruppe im Jahr 1990 verantwortlich waren, in Kraft treten. Die zur Ratifizierung des KP notwendigen Konkretisierungen wurden über Jahre hinweg kontrovers verhandelt. Streitpunkte waren vor allem die Anrechnung von $CO_2$-Senken und die standardisierte Definition von Klimaschutzmaßnahmen, die eine Wettbewerbsverzerrung verhindern sollte. Nationen wie USA, Kanada, Japan und Russland waren daran interessiert eine Vielzahl individueller Maßnahmen als klimawirksam einzubringen, um so die Zielerreichung zu vereinfachen. Weiters forderten vor allem die USA, entgegen der Beschlüsse von COP 1 und COP 3, dass auch Entwicklungsländer (Annex-II der KRK) wie China, Südkorea und Indien sich verpflichten ihre THG-Emissionen zu drosseln. Da man sich in diesen Punkten nicht einigen konnte verkündete US-Präsident Bush im Frühling 2001, dass die USA das KP nicht ratifizieren werden. Diese Entscheidung wurde mit untragbaren Folgen für die US-Wirtschaft begründet (Lucht, 2005). Leicht irritiert über den Ausstieg der USA einigten sich die Vertragsparteien noch im selben Jahr bei COP 7 in Marrakesch über die konkrete Ausgestaltung des KP. Diese Detail-regelungen (Marakesh accords) betreffen die Verwendung der flexiblen Mechanismen, die Anrechenbarkeit von Senken, Möglichkeiten zur Erfüllungskontrolle sowie Maßnahmen zur Förderung des Klimaschutzes in Entwicklungsländern (Kiyar, 2008). Die Parlamente in Europa, Canada und Japan ratifizierten das KP noch im Jahr 2002. Durch den Ausstieg der USA lag nun die Verantwortung bei der Russischen Föderation. Denn ohne die Ratifizierung durch mindestens einen der zwei größten THG-Emittenten unter den Annex-I Staaten (USA und Russland) konnte das KP nicht in Kraft treten. Nachdem die Duma in Moskau, nach einigem Zögern, am 18.11.2004 das KP ratifizierte trat es am 16.02.2005 in Kraft (UNFCCC, 2011b). Im Folgejahr wurde beim Treffen der Vertragsparteien in Nairobi Weißrussland noch nachträglich in den Annex-B des KP aufgenommen (UNFCCC, 2006).

### 4.2.2 Emissionsbegrenzungs- und Reduktionsverpflichtungen

Die folgenden sechs THG werden in Annex-A des KP angeführt und sind somit für dessen Umsetzung relevant:

- Kohlendioxid ($CO_2$)
- Methan ($CH_4$)
- Distickstoffoxid ($N_2O$)
- Teilhalogenierte Fluorkohlenwasserstoffe (H-FKW)
- Perfluorierte Kohlenwasserstoffe (FKW)
- Schwefelhexafluorid ($SF_6$)

Die Vertragsparteien haben einzeln oder gemeinsam dafür zu sorgen, dass sie ihre in Annex-B des KP angeführten Emissionsziele (siehe Tabelle 2) während der Verpflichtungsperiode nicht überschreiten. Im Allgemeinen wird 1990 als Basisjahr für die Emissionsreduktion bzw. -begrenzung herangezogen. Jedoch ist es Vertragsparteien, die sich im Übergang zur Marktwirtschaft befinden, möglich ein früheres Basisjahr zu wählen und die COP darüber abstimmen zu lassen. Außerdem ist es allen Vertragsparteien gestattet 1995 als ihr Basisjahr für wasserstoffhaltige Fluorkohlenwasserstoffe, perfluorierte Kohlenwasserstoffe und Schwefelhexafluorid zu verwenden.

Tabelle 2: Quantifizierte Emissionsbeschränkungen bzw. Reduktionsverpflichtungen laut Kyoto-Protokoll (UNFCCC, 1997; UNFCCC, 2006)

<table>
<tr><th>Vertragspartei</th><th>Quantifizierte Emissions-beschränkungen bzw. Reduktionsverpflichtungen</th></tr>
<tr><td>EU 15 (Belgien, Dänemark, Deutschland, Finnland, Frankreich, Griechenland, Irland, Italien, Luxemburg, Niederlande, Spanien, Österreich, Portugal, Schweden, Vereinigtes Königreich)</td><td rowspan="3">-8%</td></tr>
<tr><td>Liechtenstein, Monaco, Schweiz</td></tr>
<tr><td>Bulgarien, Estland, Lettland, Litauen, Rumänien, Slowakei, Slowenien, Tschechien</td></tr>
<tr><td>USA</td><td>-7%</td></tr>
<tr><td>Japan, Kanada</td><td rowspan="2">-6%</td></tr>
<tr><td>Polen, Ungarn</td></tr>
<tr><td>Weißrussland</td><td>-5%</td></tr>
<tr><td>Neuseeland</td><td rowspan="2">0%</td></tr>
<tr><td>Russland, Ukraine</td></tr>
<tr><td>Norwegen</td><td>1%</td></tr>
<tr><td>Australien</td><td>8%</td></tr>
<tr><td>Island</td><td>10%</td></tr>
</table>

Die maximal erlaubten Emissionen während der Verpflichtungsperiode sind auf Basis der Emissionen im Basisjahr und den quantifizierten Emissionsbeschränkungen bzw. Reduktionsverpflichtungen, in Annex-B des KP, zu berechnen (UNFCCC, 1997). Analog zu den berechneten, maximal zulässigen Emissionen werden den Vertragsparteien Emissionszertifikate, Assigned Amount Units (AAUs), zugeteilt. Eine AAU entspricht einer metrischen Tonne $CO_2$-e. Sämtliche KP relevanten Emissionen einer Vertragspartei müssen durch entsprechende Zertifikate gedeckt sein.

### 4.2.3 Gemeinsame Erfüllung von Verpflichtungen

Auf Bestreben der EU wurde im KP die Möglichkeit der gemeinsamen Erfüllung von Verpflichtungen ermöglicht. Das bedeutet, dass es mehreren Vertragsparteien möglich ist ihre Emissionsverpflichtungen gemeinsam zu erfüllen. Die Emissionsverpflichtung von Vertragsparteien, die sich für eine gemeinsame Erfüllung entscheiden, gilt als erfüllt, wenn die Summe ihrer zusammengefassten Emissionen (in $CO_2$e) die ihnen zugeteilten Mengen (berechnet auf der Grundlage von Annex-B) nicht überschreiten. Sollten die Parteien einer solchen Vereinbarung ihr zusammengefasstes Gesamtniveau der zulässigen Emissionen überschreiten, so ist jede Vertragspartei für ihr in der Vereinbarung vorgesehenes eigenes Emissionsniveau verantwortlich (UNFCCC, 1997).

Die damaligen 15 Mitgliedsstaaten der EU haben sich für die Möglichkeit der gemeinsamen Erfüllung entschieden. Die im KP beschlossene Reduktion der Emissionen von gemeinsam -8% wurde untereinander neu aufgeteilt. Die Emissionsziele für die einzelnen Mitgliedsstaaten richten sich nach den jeweiligen Möglichkeiten Emissionen einzusparen. Die neue Verteilung innerhalb der sogenannten EU-Bubble ist in Tabelle 3 dargestellt (KOM, 2011f).

Tabelle 3: Quantifizierte Emissionsbeschränkungen bzw. Reduktionsverpflichtungen innerhalb der EU-Bubble (KOM, 2011f)

| EU Mitgliedsstaat | Quantifizierte Emissionsbeschränkungen bzw. Reduktionsverpflichtungen |
|---|---|
| Belgien | -7,5% |
| Dänemark | -21% |
| Deutschland | 0% |
| Finnland | 0% |
| Frankreich | -21% |
| Griechenland | 25% |
| Irland | 13% |
| Italien | -6,5% |
| Luxemburg | -28% |
| Niederlande | -6% |
| Österreich | -13% |
| Portugal | 27% |
| Schweden | 4% |
| Spanien | 15% |
| Vereinigtes Königreich Großbritannien und Nordirland | -12,5% |

### 4.2.4 Flexible Mechanismen

Neben den Emissionsreduktionsverpflichtungen werden im KP auch die so genannten flexiblen Mechanismen angeführt. Als flexible Mechanismen bezeichnet man die im KP angeführten Instrumente, die es den Annex-I Staaten ermöglichen ihre Emissionsgrenzen unter volkswirtschaftlich geringeren Kosten einzuhalten. Dazu gehören gemeinsame Umsetzung (Joint Implementation (JI), Artikel 6 KP), Mechanismus für nachhaltige Entwicklung (Clean Development Mechanism (CDM), Artikel 12 KP) und der internationale Handel mit Emissionsrechten (International Emission Trading, Artikel 17 KP). Grundgedanke der flexiblen Mechanismen ist, dass es keine Rolle spielt wo Emissionen eingespart werden. Wichtig ist nur, dass sie eingespart werden (ACCC, 2008).

- **Joint Implementation**

JI ermöglicht es Annex-B Staaten, sowie Unternehmen aus diesen Staaten, emissionsmindernde Projekte oder Emissionssenken Projekte in anderen Annex-B Staaten durchzuführen. Die vermiedenen oder gespeicherten Emissionen werden dem Emissionskonto des Investor-Staats gutgeschrieben. JI ermöglicht es Ländern mit hohen Reduktionskosten, Projekte in Ländern mit geringeren Reduktionskosten durchzuführen und somit Kosten zu minimieren. Der Gastgeberstaat profitiert dabei von Investitionen und Technologietransfer.

JI-Projekte haben keinen Einfluss auf die Gesamtmenge der verfügbaren Emissionsrechte. Die Emissionsreduktion wird durch Subtrahieren der tatsächlichen Projektemissionen von den Baseline-Szenario-Emissionen (Emissionen, die in Abwesenheit des Projektes entstehen würden) errechnet. AAUs des Gastgeberstaats werden, analog zur berechneten Emissionsreduktion, in Emission Reduction Units (ERU) konvertiert und anschließend auf dem Emissionsrechte-Konto des Investors gut geschrieben. ERUs sind handelbar. Die Vorgangsweise beim Transfer der Emissionsrechte ist in Abbildung 4 illustriert.

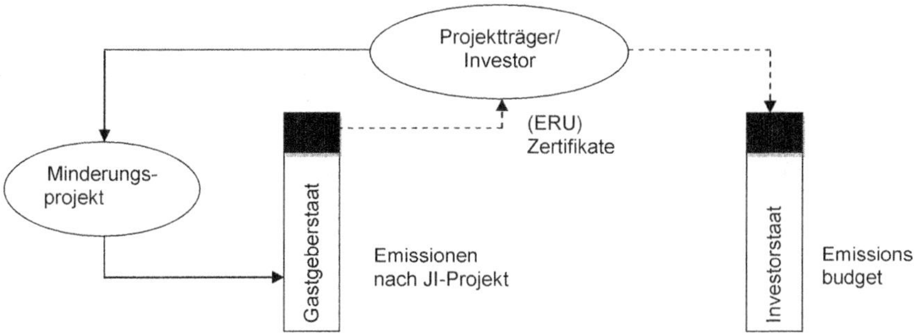


Abb. 4: Funktionsweise eines JI-Projekts und Transfer nationaler Emissionsberechtigungen (Umweltbundesamt, 2005)

Gastgeberstaaten haben folgende Bedingungen zu erfüllen um JI-Projekte nach dem sogenannten „Track 2“ Verfahren (s.u.) durchführen zu können:

- Ratifikation des Kyoto-Protokolls,
- vorliegende Berechnung der Ausstattung mit zugeteilten Emissionsrechten,
- Etablierung eines nationalen Treibhausgasregisters.

Gastgeberstaaten, die zusätzlich zu den oben genannten, noch folgende Bedingungen erfüllen, dürfen JI-Projekte nach dem sogenannten „Track 1“ Verfahren (s.u.) durchführen (UNFCCC, 2005):

- Etablierung eines nationalen Systems zur Abschätzung der nationalen Treibhausgasemissionen bzw. -speicherung durch Senken,
- rechtzeitiges jährliches Einreichen eines Treibhausgasinventars,
- Einreichung zusätzlicher Informationen über die nationale Ausstattung mit zugeteilten Emissionsrechten.

Gastgeberstaaten, die alle Voraussetzungen für „Track 1" erfüllen, dürfen selbst die Emissionsreduktion bzw. die Speicherung von THG durch Senken verifizieren und entsprechend ERUs ausstellen. In diesem Fall bleibt die Ausgestaltung der Anforderungen an JI-Projekte und die zu durchlaufenden Projektstufen weitgehend dem Gastgeberstaat selbst überlassen. Mitgliedstaaten der EU müssen die genannten „Track 1" Kriterien erfüllen, da diese seit 2008 Voraussetzung für einen funktionierenden EU-Emissionshandel (s.u.) sind.

Sollte ein Gastgeberstaat die genannten Zulassungsvoraussetzungen für „Track 1" nicht vollständig erfüllen, so ist ein aufwendigeres Projektverfahren nach „Track 2" anzuwenden. Das durchzuführende JI-Projekt muss dann dem JI Supervisory Committee (JISC) vorgelegt werden. Das JISC stellt erst nach Prüfung und Genehmigung die ERUs aus (BMU, 2010).

Um auch Kleinprojekte, die folgende Voraussetzungen erfüllen:

- Erneuerbare Energieprojekte mit einer Kapazität bis 15 MW,
- Energieeffizienzprojekte mit einer Energieeinsparung bis 60 GWh/a,
- andere Projekte, die eine jährliche Emissionsreduktion von 60.000 t $CO_2$-e nicht überschreiten,

zu ermöglichen, wurden Erleichterungen für die Verfahren ebensolcher Projekte geschaffen.

- **Clean Development Mechanism**

Neben JI wurde mit CDM ein weiterer projektbasierter Mechanismus im KP geschaffen. Anders als bei JI ist das Gastgeberland bei CDM

Projekten kein Annex-B Staat, sondern Staaten, die selbst keine Emissionsverpflichtungen zu erfüllen haben. CDM soll die nachhaltige Entwicklung, durch Technologietransfer und Investitionen in emissionsreduzierende Technologien, in Entwicklungs- und Schwellenländern fördern.

Da die Gastgeberstaaten von CDM-Projekten keiner Emissionsbeschränkung unterliegen, wurden ihnen auch keine AAUs zugeteilt. Somit werden, anders als bei JI (wo bereits vorhandene AAUs in ERUs konvertiert und dann transferiert werden), bei CDM-Projekten zusätzliche Emissionszertifikate geschaffen. Im Unterschied zu ERUs aus JI-Projekten heben Certified Emission Reductions (CERs) aus CDM-Projekten den gesamten Emission Cap (Deckelung der THG Emissionen) der Annex-B Staaten an. Um die Klimawirksamkeit dieser Projekte zu gewährleisten und sicherzustellen das CERs tatsächlich durch einen THG-Reduktion im jeweiligen Gastgeberstaat gedeckt sind, ist eine umfangreiche Prüfung und Kontrolle der CDM-Projekte, im Rahmen eines umfangreichen Verfahrens, erforderlich (Umweltbundesamt, 2005).

Der Projektträger muss in seiner Projektdokumentation zu erwartende Emissionsminderungen sowie Baseline-Szenario-Emissionen darlegen. Darüber hinaus ist die Emissionsreduktion nachweislich zusätzlich zu erbringen. Das bedeutet, dass die Emissionsreduktion nicht ohne die CDM-Projektmaßnahme möglich wäre. Die Projektdokumentation ist von einer akkreditierten Validierungsstelle zu prüfen um sicherzustellen, dass das geplante Projekt die CDM-Kriterien erfüllt. Dann kann das CDM Executive Board über den Antrag entscheiden. Nachdem das Projekt durchgeführt und vom Projektbetreiber dokumentiert wurde, muss die Projektdokumentation nochmals von einer akkreditierten Validierungsstelle überprüft und von der nationalen Genehmigungsbehörde abgesegnet werden bevor das CDM Executive Board dem Projektträger CERs im Umfang der tatsächlich vermiedenen THG Emissionen ausstellt (BMU, 2010).

Um Kleinprojekte, welche dieselben Voraussetzungen wie bei JI zu erfüllen haben, zu fördern, gibt es auch im Rahmen von CDM einige Erleichterungen im Prüfverfahren für diese Projekte.

- **Internationaler Handel mit Emissionen**

Zusätzlich zu den projektbasierenden Mechanismen, JI und CDM (s.o.), wurde im KP auch der internationale Handel mit Emissionsrechten vorgesehen. So wie die projektbasierenden Mechanismen soll auch der internationale Handel mit Emissionsrechten dazu beitragen die volkswirtschaftlichen Kosten der Emissionsbegrenzung gering zu halten. Annex-B Staaten können so ihr Emissionsrechte Konto durch den Kauf von AAUs anderer Annex-B Staaten aufstocken. Laut Artikel 13 KP (UNFCCC, 1997) soll ein derartiger internationaler Handel mit Emissionsrechten nur in Ergänzung zu anderen im eigenen Land durchgeführten Maßnahmen erfolgen.

Schon bald kam der internationale Handel mit Emissionsrechten in die Kritik als klar wurde, dass die Nachfolgestaaten der UdSSR und deren ehemaligen Hegemonial- Staaten einen deutlichen Überschuss an AAUs für die Verpflichtungsperiode 2008-2012 zugeteilt bekamen. Durch den Zusammenbruch des kommunistischen Systems in Osteuropa und dem damit verbundenen wirtschaftlichen Abschwung, vor allem im Bereich der Schwerindustrie gingen die KP relevanten Emissionen Anfang der 1990er Jahre stark zurück. Die Entwicklung der THG Emissionen der Osteuropäischen Staaten von 1990 bis 2008 ist aus Tabelle 4 ersichtlich.

Tabelle 4: Entwicklung der THG-Emissionen in Osteuropa (UNFCCC, 2010a)

| Vertragspartei | THG $CO_2$-e | | | Veränderung von 1990 bis 2008 (%) |
|---|---|---|---|---|
| | **1990** | **2000** | **2008** | |
| Weißrussland | 140.399 | 78.831 | 91.113 | **-35,1** |
| Bulgarien | 128.015 | 69.354 | 74.318 | **-41,9** |
| Tschechische Republik | 195.189 | 147.522 | 141.434 | **-27,5** |
| Estland | 40.843 | 18.188 | 20.254 | **-50,4** |
| Ungarn | 114.545 | 77.080 | 73.139 | **-36,1** |
| Lettland | 26.793 | 10.221 | 11.905 | **-55,6** |
| Litauen | 49.723 | 19.388 | 24.327 | **-51,1** |
| Polen | 564.017 | 390.207 | 395.558 | **-29,9** |
| Rumänien | 274.754 | 136.231 | 145.916 | **-46,9** |
| Russische Föderation | 3.321.718 | 2.024.848 | 2.229.565 | **-32,9** |
| Slowakei | 73.896 | 49.186 | 48.831 | **-33,9** |
| Ukraine | 928.126 | 393.130 | 427.843 | **-53,9** |

Da sich diese Staaten im KP lediglich zu einer Reduktion ihrer THG von 8% oder weniger verpflichtet haben, verfügen sie über große Mengen überschüssiger AAUs hinter denen keine geplante Emissionsminderung steht. Diese Zertifikate werden auch als „Hot Air“ bezeichnet. Aufgrund des öffentlichen Drucks wurden Modelle, Green Investment Schemes (GIS), entwickelt um den Handel mit „Hot Air“ AAUs zu ermöglichen und mit Investitionen in klimarelevante Maßnahmen zu verknüpfen. So soll sichergestellt werden, dass die Verkaufserlöse nicht in den jeweiligen Staatsbudgets versickern sondern wieder in THG reduzierende Projekte investiert werden. GIS unterliegen keinen internationalen rechtlichen Verpflichtungen, die Reinvestition des Verkaufserlöses ist selbstauferlegt. Aus diesem Grund haben die Vertragspartner bei GIS größtmögliche Freiheiten was die Ausgestaltung der so finanzierten Projekte betrifft. Da es keinerlei rechtliche und institutionelle Rahmenbedingungen gibt sind die Käufer von GIS AAUs meist daran interessiert die vereinbarten Projekte genau zu überwachen (Freestone & Streck, 2009). Die Funktionsweise von GIS ist in Abbildung 5 dargestellt.

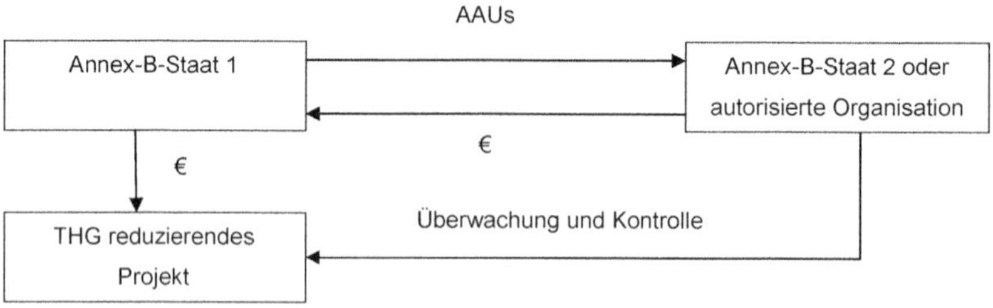


Abb. 5: Funktionsweise von Green Investment Schemes (nach Freestone & Streck, 2009)

# 5 EMISSIONSHANDELSSYSTEME

## 5.1 EU Emissionshandelssystem

### 5.1.1 Europäisches Klimaschutzprogramm (ECCP)

Als klar wurde, dass die Bemühungen der EU und ihrer Mitgliedsstaaten nicht ausreichen würden um die im KP eingegangen Verpflichtungen zu erfüllen, lancierte die Europäische Kommission im Juni 2000 das European Climate Change Programme (ECCP). Das ECCP war ein Prozess, der die Europäische Kommission, nationale Experten, Wirtschaftsvertreter und NGOs zusammenbringen sollte um aus einem möglichst großen Pool an Fachwissen schöpfen zu können. Das erste ECCP (2000 bis 2004) untersuchte eine breite Palette von Politikbereichen und Instrumenten mit Potenzial zur Verringerung der THG-Emissionen. Koordiniert durch ein Lenkungskomitee wurden 11 Arbeitsgruppen für die folgenden Bereiche eingerichtet (KOM, 2010a):

- Flexible Mechanismen: Emissionshandel
- Flexible Mechanismen: JI und CDM
- Energie Erzeugung
- Energie Verbrauch
- Energieeffizienz
- Transport
- Industrie
- Forschung
- Landwirtschaft

- Senken in landwirtschaftlichen Böden
- Senken im Forstbereich

Die Arbeitsgruppen wurden beauftragt Möglichkeiten zur Emissionsminderung unter Berücksichtigung von wirtschaftlichen Aspekten aufzuzeigen. Ergebnis des ersten ECCP war ein Maßnahmenpaket mit 42 Vorschlägen an die Kommission (KOM, 2001). Die wichtigste dieser Maßnahmen und zugleich der Grundpfeiler der Europäischen Klimapolitik ist das Europäische Emissionshandelssystem (EU Emission Trading Scheme, EU-ETS) das 2003 mit der Emissionshandelsrichtlinie (Richtlinie 2003/87/EG) beschlossen wurde. Ziel dieser Richtlinie ist es die $CO_2$-Emissionen der größten stationären Emittenten auf möglichst kosteneffektive Weise zu senken (KOM, 2010a).

### 5.1.2 Emissionshandelsrichtlinie und nationale Umsetzungen

Durch die Emissionshandelsrichtlinie und die dazugehörigen nationalen Umsetzungen ebendieser wurde ein EU-weites Emissionshandelssystem geschaffen. Ähnlich wie der Internationale Emissionshandel des KP ist auch das EU-ETS ein sogenanntes „Cap and Trade“ System. Die Politik setzt eine Obergrenze für die maximal zulässigen Emissionen und bringt dementsprechend Emissionszertifikate (European Union Allowances, EUAs) in Umlauf. Diese Zertifikate können von allen Verpflichteten (s.u.) im EU-ETS gehandelt werden. Eine EUA berechtigt zur Emission von einer Tonne $CO_2$. Somit besteht eine Emissionsbeschränkung für das gesamte System, nicht aber für die einzelnen Teilnehmer.

Das EU-ETS lässt sich in drei Handelsperioden unterteilen. Die erste Periode (2005 bis 2007) wurde als Testphase angesehen um Erfahrung mit dem für die EU neuartigen Instrument des Emissionshandels zu gewinnen. Die zweite Periode (2008 bis 2012) fällt mit dem Kyoto Verpflichtungszeitraum zusammen. Die dritte Handelsperiode des EU-ETS dauert von 2013 bis 2020.

Das EU-ETS umfasst derzeit rund 11.000 Kraftwerke und Industrieanlagen in 30 Ländern. Neben den 27 Mitgliedsstaaten der EU nehmen auch noch Island, Norwegen und Lichtenstein daran teil (KOM, 2010b).

Welche Anlagen in der jeweiligen Handelsperiode zur Teilnahme am EU-ETS verpflichtet sind wird in Anhang I der Emissionshandelsrichtline (Richtlinie 2003/87/EG bzw. 2009/29/EG) festgelegt. Demnach sind in den ersten beiden Handelsperioden bis 2012 folgende Anlagen zur Teilnahme am EU-ETS verpflichtet (Emissionshandelsrichtlinie, 2003):

- Energieumwandlung und -umformung
    - Feuerungsanlagen mit einer Feuerungswärmeleistung über 20 MW (ausgenommen Anlagen für die Verbrennung von gefährlichen oder Siedlungsabfällen)
    - Mineralölraffinerien
    - Kokereien
- Eisenmetallerzeugung und -verarbeitung
    - Röst- und Sinteranlagen für Metallerz (einschließlich Sulfiderz)

- Anlagen für die Herstellung von Roheisen oder Stahl (Primär- oder Sekundärschmelzbetrieb), einschließlich Stranggießen, mit einer Kapazität über 2,5 Tonnen pro Stunde

- Mineralverarbeitende Industrie
  - Anlagen zur Herstellung von Zementklinker in Drehrohröfen mit einer Produktionskapazität über 500 Tonnen pro Tag oder von Kalk in Drehrohröfen mit einer Produktionskapazität über 50 Tonnen pro Tag oder in anderen Öfen mit einer Produktionskapazität über 50 Tonnen pro Tag
  - Anlagen zur Herstellung von Glas einschließlich Glasfasern mit einer Schmelzkapazität über 20 Tonnen pro Tag
  - Anlagen zur Herstellung von keramischen Erzeugnissen durch Brennen (insbesondere Dachziegel, Ziegelsteine, feuerfeste Steine, Fliesen, Steinzeug oder Porzellan) mit einer Produktionskapazität über 75 Tonnen pro Tag und/oder einer Ofenkapazität über 4 $m^3$ und einer Besatzdichte über 300 $kg/m^3$
- Sonstige Industriezweige
  - Industrieanlagen zur Herstellung von Zellstoff aus Holz und anderen Faserstoffen
  - Industrieanlagen zur Herstellung von Papier und Pappe mit einer Produktionskapazität über 20 Tonnen pro Tag

Zusätzlich zu den oben genannten Punktemittenten sollen ab 1. Jänner 2012 auch Flüge einbezogen werden, die auf Flugplätzen, die sich im Hoheitsgebiet eines der 30 Mitgliedstaaten befinden, starten oder enden (Emissionshandelsrichtlinie, 2009). Um den Besonderheiten der

Luftfahrtbranche Rechnung zu tragen, werden eigene Zertifikate, European Aviation Allowances (EUAAs), ausgegeben. EUAAs können ausschließlich von Luftfahrtunternehmen, nicht aber von Unternehmen aus anderen Sektoren, zur Pflichterfüllung verwendet werden. Luftfahrtunternehmen ist es aber auch möglich EUAs zu verwenden (CDC climate research, 2010).

Während der ersten beiden Handelsperioden werden nur die $CO_2$-Emissionen der Verpflichteten vom EU-ETS erfasst. In der dritten Handelsperiode werden auch FKW aus der Herstellung von Primäraluminium und $N_2O$ aus der Herstellung von Salpetersäure, Adipinsäure, Glyoxal und Glyoxylsäure im EU-ETS erfasst. Zusätzlich werden auch noch folgende Industrieanlagen in das EU-ETS integriert (Emissionshandelsrichtlinie, 2009):

- Eisenmetallerzeugung und –verarbeitung
    - Herstellung oder Verarbeitung von Eisenmetallen (einschließlich Eisenlegierungen) bei Betrieb von Verbrennungseinheiten mit einer Gesamtfeuerungswärmeleistung von über 20 MW. Die Verarbeitung umfasst unter anderem Walzwerke, Öfen zum Wiederaufheizen, Glühöfen, Schmiedewerke, Gießereien, Beschichtungs- und Beizanlagen
    - Herstellung von Primäraluminium
    - Herstellung von Sekundäraluminium bei Betrieb von Verbrennungseinheiten mit einer Gesamtfeuerungswärmeleistung von über 20 MW
    - Herstellung oder Verarbeitung von Nichteisenmetallen einschließlich der Herstellung von Legierungen,

Raffinationsprodukten, Gussprodukten usw. bei Betrieb von Verbrennungseinheiten mit einer Gesamtfeuerungswärmeleistung (einschließlich der als Reduktionsmittel verwendeten Brennstoffe) von über 20 MW

- Mineralverarbeitende Industrie
  - Herstellung von Dämmmaterial aus Mineralwolle unter Verwendung von Glas, Stein oder Schlacke mit einer Schmelzkapazität von über 20 t pro Tag
  - Trocknen oder Brennen von Gips oder Herstellung von Gipskartonplatten und sonstigen Gipserzeugnissen bei Betrieb von Verbrennungseinheiten mit einer Gesamtfeuerungswärmeleistung von über 20 MW
- Chemische Industrie
  - Herstellung von Industrieruß durch Karbonisierung organischer Stoffe wie Öle, Teere, Crack- und Destillationsrückstände bei Betrieb von Verbrennungseinheiten mit einer Gesamtfeuerungswärmeleistung von über 20 MW
  - Herstellung von Salpetersäure
  - Kohlendioxid und Distickstoffoxid
  - Herstellung von Adipinsäure
  - Herstellung von Glyoxal und Glyoxylsäure
  - Herstellung von Ammoniak
  - Herstellung von organischen Grundchemikalien durch Cracken, Reformieren, partielle oder vollständige Oxidation

oder ähnliche Verfahren, mit einer Produktionskapazität von über 100 t pro Tag

  - Herstellung von Wasserstoff ($H_2$) und Synthesegas durch Reformieren oder partielle Oxidation mit einer Produktionskapazität von über 25 t pro Tag
  - Herstellung von Soda ($Na_2CO_3$) und Natriumbikarbonat ($NaHCO_3$)
- $CO_2$-Abscheidung und –Speicherung
  - Abscheidung von Treibhausgasen aus von unter die Emissionshandelsrichtlinie fallenden Anlagen zwecks Beförderung und geologischer Speicherung
  - Beförderung von Treibhausgasen in Pipelines zwecks geologischer Speicherung
  - Geologische Speicherung von Treibhausgasen

Alle im EU-ETS erfassten Anlagen müssen über eine behördliche Genehmigung zur Emission von THG verfügen. Diese Genehmigung verpflichtet den Anlagenbetreiber bis spätestens 30. April jeden Jahres zur Abgabe von Zertifikaten in der Höhe der Gesamtemissionen des Vorjahres. Für jedes nicht abgegebene Zertifikat ist während der ersten Handelsperiode eine Strafe von 40€ zu bezahlen. In der zweiten Handelsperiode wurde die Strafzahlung auf 100€ angehoben und in der dritten Handelsperiode soll diese entsprechend dem europäischen Verbraucherpreisindex angepasst werden.
Zertifikate, welche in der ersten Handelsperiode ausgegeben wurden, waren nur in diesem Zeitraum gültig. Dasselbe gilt für Zertifikate der

zweiten Handelsperiode, jedoch ist es möglich nicht abgegebene EUAs aus Phase II in EUAs für Phase III konvertieren zu lassen.

Der Cap (Summe der ausgegebenen Zertifikate) setzt sich in Phase I und II aus den Caps der 30 Staaten, die in den Nationalen Allokationsplänen (NAP) festgelegt werden, zusammen. In Phase III wird ein EU-weiter Cap festgesetzt, der ab 2010 jährlich um einen linearen Faktor von 1,74% verringert wird. Somit ergibt sich von 2005 bis 2020 eine Gesamtreduktion von 21%.

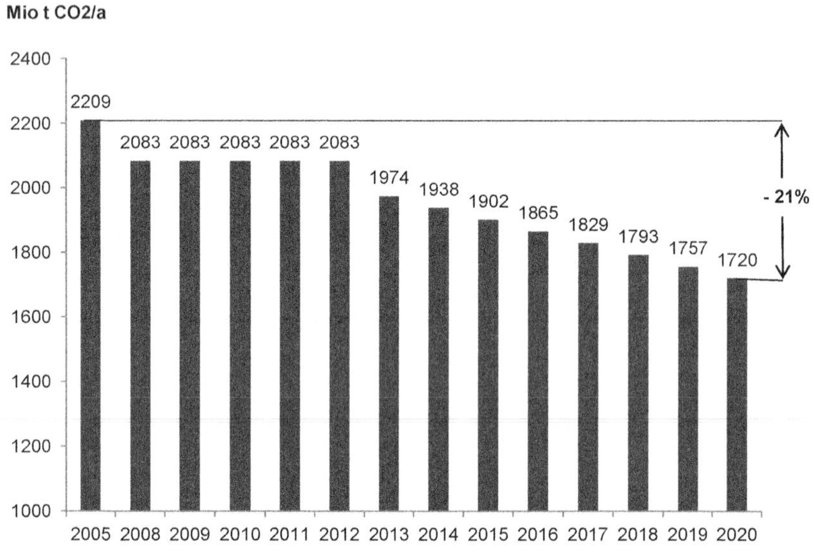


Abb. 6: EU-ETS Emissionsobergrenzen von 2005 bis 2020 bei einer EU weiten Reduktion der THG Emissionen bis 2020 um 20% (Umweltbundesamt, 2010)

Der Cap für den Luftverkehr wird auf Basis der durchschnittlichen jährlichen Emissionen der Jahre 2004 bis 2006 des gesamten europäischen Luftverkehrs, der zur Teilnahme im EU-ETS (s.o.) verpflichtet ist, ermittelt. Die Gesamtmenge der Zertifikate, die 2012 für die Luftfahrt zugeteilt werden, ist gleich 97% der EU-weiten historischen Luftverkehrsemissionen. Im Zeitraum 2013-2020 wird dieser Anteil auf 95% reduziert werden (KOM, 2011c).

Der oben beschriebene Cap basiert auf den Beschlüssen der Kommission die Gesamtemissionen in der EU bis 2020 um 20% (im Vergleich zu 1990) zu reduzieren. In diesem Fall müssten diejenigen Sektoren, die nicht im EU-ETS erfasst sind (Raumwärme, Verkehr,...), ihre Emissionen um 10% (im Vergleich zu 2005) zurück fahren (KOM, 2010e). Die EU hat jedoch auf der UN-Klimakonferenz in Kopenhagen (COP 15) in Aussicht gestellt die eigenen THG Emissionen bis 2020 um 30% zu reduzieren wenn ein rechtlich bindendes Post-Kyoto Abkommen mit Einbeziehung anderer großer Emittenten zustande kommen sollte (KOM, 2010d). Die Analyse der Europäischen Kommission (KOM, 2010e) ergibt, dass die kosteneffiziente Aufteilung der THG-Reduktion innerhalb und außerhalb des EU-ETS bei einem Reduktionsziel von 30% innerhalb des EU-ETS bei minus 34% und außerhalb des EU-ETS bei minus 16% (jeweils im Vergleich zu 2005) läge.

Am 8. März 2011 legte die Europäische Kommission (KOM, 2011d) einen Fahrplan für die Schaffung eines wettbewerbsfähigen $CO_2$-armen Europa bis 2050 vor. Dieser Fahrplan nennt Emissionsreduktionsziele für mehrere Etappen um bis 2050 die EU weiten THG Emissionen möglichst kostengünstig um 80% (im Vergleich zu 1990) zu reduzieren. Bis 2020 ist eine Reduktion von 25% (statt dem derzeitigen Ziel von 20%) der THG Emissionen vorgesehen. Um das Ziel zu erreichen müssten auch Teile der Zertifikatsmengen, welche ab 2013 zur Versteigerung vorgesehen sind (s.u.), stillgelegt werden. Während Deutschland, Frankreich und Großbritannien diesen Vorschlag unterstützen lehnen vor allem Italien, Polen und Litauen eine Verschärfung der kurzfristigen Emissionsziele (bis 2020) bisher ab (APA, 2011).

### 5.1.3 **Linking Directive**

Um die globalen THG-Emissionen noch kostengünstiger zu reduzieren wurde mit der sogenannten „Linking Directive" (Verbindungsrichtlinie, 2004) das EU-ETS mit den projektbasierten Mechanismen des KP (JI und CDM) verknüpft. Demnach können die Mitgliedsstaaten die Nutzung von CERs ab 2005 und ERUs ab 2008 zu einem im jeweiligen NAP festgelegten Prozentsatz, der in Einklang mit den Zielen von UNFCCC und KP steht, erlauben. Nicht erlaubt ist die Nutzung von ERUs und CERs, die aus Nuklearanlagen stammen und Removal Units (RMUs) aus dem Bereich Landnutzung, Landnutzungsänderung und Forstwirtschaft (Land Use, Land-Use Change and Forestry, LULUCF) (Verbindungsrichtlinie, 2004).

Ab 2013 können die Anlagenbetreiber weiterhin jene Menge an CER/ERU Zertifikaten nutzen, die ihnen von 2008 bis 2012 gestattet wurde, oder mindestens 11% der ihnen zugeteilten Emissionsberechtigungen von 2008 bis 2012, je nach dem welcher Wert höher ist. Neuen Marktteilnehmern ist von 2013 bis 2020 die CER/ERU Nutzung im Umfang von mindestens 4,5% ihrer geprüften Emissionen in diesem Zeitraum gestattet. Davon ausgenommen sind Flugzeugbetreiber, jenen ist eine CER/ERU Nutzung von mindesten 1,5% der geprüften Emissionen erlaubt. Insgesamt dürfen die zwischen 2008 und 2020 verwendeten CERs und ERUs nur maximal 50% der EU-ETS Gesamtreduktion von 2005 bis 2020 entsprechen (Emissionshandelsrichtlinie, 2009).

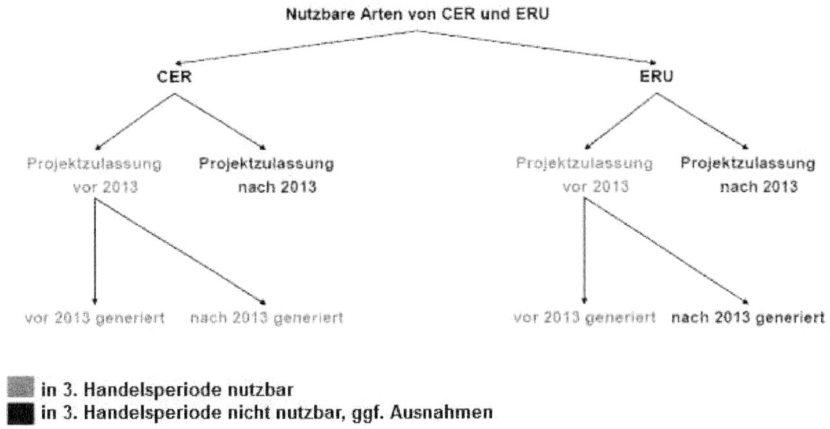


Abb. 7: Ab 2013 nutzbare Zertifikate aus JI und CDM Projekten im EU-ETS (Vollstädt, 2009)

In Abbildung 7 wird die Nutzbarkeit von CERs und ERUs im EU-ETS ab 2013 dargestellt. CERs und ERUs, die vor 2013 generiert wurden, können bis Ende März 2015 in gültige Zertifikate für die dritte Handelsperiode umgetauscht werden. CERs aus vor 2013 registrierten Projekten, die nach 2013 generiert werden dürfen weiterhin genutzt werden. CERs aus Projekten, die ab 2013 registriert und umgesetzt werden, können nur genutzt werden, wenn die CDM Projekte in den am wenigsten entwickelten Ländern (LDC) stattfinden (Emissionshandels-richtlinie, 2009).

Tabelle 5: Liste der am wenigsten entwickelten Länder (UN-OHRLLS, 2011)

| Afrika | | |
|---|---|---|
| Angola | Madagaskar | Benin |
| Malawi | Burkina Faso | Mali |
| Burundi | Mauretanien | Zentralafrikanische Republik |
| Mosambik | Tschad | Niger |
| Komoren | Ruanda | Demokratische Republik Kongo |
| Senegal | Dschibuti | Sao Tome und Principe |
| Eritrea | Sierra Leone | Äquatorial-Guinea |
| Somalia | Äthiopien | Sudan |
| Gambia | Togo | Guinea |
| Uganda | Guinea-Bissau | Vereinigte Republik Tansania |
| Lesotho | Sambia | Liberia |
| Asien | | |
| Afghanistan | Nepal | Bangladesch |
| Samoa | Bhutan | Salomon-Inseln |
| Kambodscha | Timor-Leste | Kiribati |
| Tuvalu | Myanmar | Lao Demokratischen Volksrepublik |
| Vanuatu | Jemen | |
| Lateinamerika und Karibik | | |
| Haiti | | |

Um eine doppelte Erfassung zu vermeiden können für Emissionsminderungsmaßnahmen in Anlagen, die ins EU-ETS fallen, keine ERUs ausgestellt werden, es sei denn, es werden im Nationalen Emissionshandelsregister, Zuteilungen in entsprechendem Umfang gelöscht (Verbindungsrichtlinie, 2004). Nach Auslaufen der ersten Kyoto Verpflichtungsperiode 2012, sofern sich die Vertragsparteien nicht zeitgerecht auf eine zweite Verpflichtungsperiode einigen, wird es nicht mehr möglich sein ERUs aus JI Projekten auszustellen. In diesem Fall plant die EU, bi- oder multilaterale Abkommen mit Drittländern zu schließen um hochwertige Projekte, die bis 2012 ERUs generierten, weiterhin im EU-ETS anzuerkennen (Emissionshandelsrichtlinie, 2009).

### 5.1.4 Zertifikatszuteilung

Wie schon oben erwähnt, wurde die Zertifikatszuteilung in den ersten beiden Phasen des EU-ETS durch die NAPs der einzelnen Mitgliedsstaaten geregelt. Die Zuteilung hatte bestimmten, im Anhang der Emissionshandelsrichtlinie festgelegten, Kriterien zu entsprechen. Außerdem musste die Zuteilung mit den Kyoto Zielen in Einklang stehen. Falls die NAPs der Prüfung durch die Europäische Kommission nicht standhielten, waren diese nachzubessern. Österreich, Deutschland, Griechenland und die Niederlande waren von einer Nachbesserung ihrer NAPs für die erste Handelsperiode betroffen. Da die Kommission die NAPs einiger Mitgliedsstaaten für die erste Handelsperiode erst nach Beginn ebendieser approbierte wurde von Unternehmen infolge nicht gegebener Planungssicherheit Kritik geübt. Weiters wurde kritisiert, dass die NAPs zu komplex und zu undurchsichtig seien. Darauf reagierte die Kommission insofern, als dass die NAPs für die zweite Handelsperiode teilweise standardisiert und zeitgerecht approbiert wurden. Für die dritte Handelsperiode, die im Jahr 2013 beginnt, wird es keine NAPs mehr geben. Stattdessen wird die Verteilung direkt auf EU-Ebene bestimmt werden (KOM, 2010c).

In Phase I werden mindestens 95% und in Phase II mindestens 90% der Zertifikate kostenlos zugeteilt. Somit können die Mitgliedsstaaten maximal 5% bzw. 10% der Zertifikate versteigern. In Phase III ist die Versteigerung das Grundprinzip der EUA-Zuteilung. Ab 2013 werden der Elektrizitätswirtschaft keine kostenlosen Zertifikate mehr zugeteilt. Ausnahmen gibt es für Fernwärme bzw. –kälte sowie wärmegeführte

KWK (Kraft-Wärme-Kopplung) Anlagen (Emissionshandelsrichtlinie, 2009). Darüber hinaus ist es den Mitgliedsstaaten Bulgarien, Zypern, Tschechien, Estland, Ungarn, Lettland, Litauen, Malta, Polen und Rumänien weiterhin möglich EUAs Stromproduzenten kostenlos zuzuteilen. Die Nutzung dieser Ausnahmeregelung ist bis 30. September 2011 bei der Kommission zu beantragen (KOM, 2011a). 2013 darf die Gesamtmenge der kostenlos zugeteilten EUAs 70% der jährlichen Durchschnittsemissionen aus Phase I nicht überschreiten. Bis 2020 ist diese kostenlose Zuteilung schrittweise auf null zu reduzieren (Emissionshandelsrichtlinie, 2009).

Im Gegensatz zur Elektrizitätserzeugung wird es für die Industrie und Wärmeerzeuger eine Übergangsregelung zur vollständigen Versteigerung geben. 2013 werden 80% der Zertifikate kostenlos zugeteilt. Dieser Anteil reduziert sich jährlich linear, so dass im Jahre 2020 nur mehr 30% der Zertifikate kostenlos zugeteilt werden. Ab 2027 müssen auch Industrie und Wärmeerzeuger 100% ihrer EUAs ersteigern (Gruß et al., 2010). Davon ausgenommen sind Industriezweige „ ... *in denen ein erhebliches Risiko der Verlagerung von $CO_2$-Emissionen*“ (Emissionshandelsrichtlinie, 2009) in Länder mit weniger strengen Emissionsvorschriften besteht. Diese Verlagerung von $CO_2$-Emissionen wird als Carbon Leakage bezeichnet. Welche Industriezweige betroffen sind, und somit sämtliche Zertifikate kostenlos zugeteilt bekommen, wurde in einem Kommissionsbeschluss (2010/2/EU) festgelegt (KOM, 2010g). Die von „Carbon Leakage“ betroffenen Industriezweige umfassen 25% der Gesamt- und 77% der Industrieemissionen im EU-ETS.

Grundlage für die Gratiszuteilung für einzelne Anlagen in Phase III sind europaweit gültige Benchmarks und historische Produktionsmengen. Da der Cap (s.o.) nicht überschritten werden darf, wird in die

Berechnungsformel ein sektorenübergreifender Korrekturfaktor, der gegebenenfalls von der Kommission vor der endgültigen Berechnung bestimmt wird, mit einbezogen. Außerdem wird auch der Carbon Leakage Gefahr, durch einen „Carbon Leakage Exposure Factor", Rechnung getragen. Dieser ist bei Vorliegen eines Verlagerungsrisikos immer gleich 1 (Gruß et al., 2010). Bei nicht betroffenen Sektoren ist dieser vom Zuteilungsjahr abhängig (siehe Tabelle 6).

Die Menge der kostenlos zugeteilten EUAs berechnet sich wie folgt:

$$F_p = MB_i * HAL_i * EF_{ik} * CCF \tag{5-1}$$

| | |
|---|---|
| $F_p$ | Zuteilungsmenge für Produkt i [$tCO_2/a$] |
| $MB_i$ | Benchmark für Produkt i [$tCO_2/t_{Produkt}$] |
| $HAL_i$ | Historische Produktion von Produkt i [$t_{Produkt}/a$] |
| $EF_{ik}$ | Carbon Leakage Exposure Factor für Produkt i im Jahr k [-] |
| CCF | sektorübergreifender Korrekturfaktor [-] |

Tabelle 6: Faktor zur Reduzierung der kostenlosen Zuteilung (KOM, 2011g)

| Jahr | Carbon Leakage Exposure Factor |
|---|---|
| 2013 | 0,8000 |
| 2014 | 0,7286 |
| 2015 | 0,6571 |
| 2016 | 0,5857 |
| 2017 | 0,5143 |
| 2018 | 0,4429 |
| 2019 | 0,3714 |
| 2020 | 0,3000 |

Die Benchmarks basieren in den meisten Fällen auf den durchschnittlichen Emissionen der effizientesten 10% der Anlagen in einem bestimmten Sektor in der EU. Dieser Durchschnitt ist aus verifizierten Produktionsdaten der Jahre 2007 und 2008, bereitgestellt durch die Industrie, abgeleitet (KOM, 2011b).

Da Produkt-Benchmarks in einigen Bereichen nicht zielführend sind, gibt es für manche Sektoren auch Wärme- bzw. Brennstoffbenchmarks. Für den Fall, dass keiner dieser Benchmarks zur Berechnung der Zuteilungsmenge herangezogen werden kann, werden Zertifikate auf Basis historischer Emissionen zugeteilt (ECOFYS, 2011).

Für die Luftfahrtindustrie gibt es bereits ab der Eingliederung ins EU-ETS 2012, einen europaweit gültigen Benchmark. 2012 sind eine kostenlose Zuteilung von 85% und eine Versteigerung von 15% der EUAAs vorgesehen. Ab 2013 können die Luftfahrtunternehmen mit einer kostenlosen Zuteilung in Höhe von 82% des Luftfahrt Caps rechnen. 15% der EUAAs werden versteigert und 3% als Reserve für schnell wachsende Unternehmen und Neueinsteiger gehalten (KOM, 2011c).

## 5.2 Emissionshandelssysteme außerhalb der EU

### 5.2.1 Schweiz

Die Teilnahme am schweizerischen Emissionshandelssystem (CH-ETS) ist freiwillig. Unternehmen, die sich zu einer Teilnahme am System entscheiden, gehen eine rechtlich bindende Verpflichtung zur Begrenzung ihrer energiebedingten $CO_2$-Emissionen im Zeitraum von 2008 bis 2012 ein. Im Gegenzug werden jene Unternehmen, die eine verpflichtende Begrenzung aushandeln, von der schweizerischen $CO_2$-Abgabe, in der Höhe von 12 CHF/t$CO_2$ (2008-2009) bzw. 36 CHF/t$CO_2$ (seit 2010) ($CO_2$-Verordnung, 2007), befreit. Dadurch ist besonders für die energieintensive Industrie ein Anreiz zur Teilnahme am CH-ETS gegeben (BAFU, 2008). Im Jahr 2010 nahmen etwa 350 Emittenten am CH-ETS teil (BAFU, 2010).

Emissionsrechte werden gemäß den festgelegten Begrenzungszielen für 2008-2012 gratis zugeteilt. Der schweizerische Cap wird in einem „bottom-up“ Ansatz festgelegt. Das technische und wirtschaftliche Potenzial zur Emissionsminderung der Unternehmen wird basierend auf Produktions- und Emissionsprognosen festgelegt. Dabei werden bereits getroffene Reduktionsmaßnahmen berücksichtigt. Jährlich sind Emissionszertifikate analog der tatsächlich emittierten Menge an $CO_2$ zu entwerten. Überzählige Zertifikate können am Markt veräußert werden (BAFU, 2008). Sollten die Zertifikate nicht ausreichen, können zusätzliche am nationalen oder internationalen Markt erworben oder durch projektbasierte KP-Mechanismen (CDM und JI) generiert werden. Maximal dürfen 8% der zur Pflichterfüllung notwendigen Zertifikate aus projektbasierten KP-Mechanismen stammen (Götz, 2010).

Sollte das Unternehmen nicht über die ausreichende Anzahl an Zertifikaten verfügen, muss die $CO_2$-Abgabe, von der das Unternehmen befreit wurde, samt Zinsen nachgezahlt werden. Die $CO_2$-Abgabe sanktioniert also im Falle einer Zielverfehlung das Unternehmen und macht die Emissionsziele rechtlich bindend (BAFU, 2008).

Das CH-ETS ist gegenüber dem EU-ETS ein geschlossenes System. Schweizer Emissionszertifikate können nicht im EU-ETS und EUAs können nicht im CH-ETS verwendet werden. Ziel ist die gegenseitige Anerkennung der Emissionsgutschriften in einem bilateralen Abkommen bis spätestens 2013 (Ecoplan, 2010).

### 5.2.2 **Nordamerika**

- **Emissionshandel auf nationaler Ebene**

In den USA wird bereits seit Jahren um die Einführung eines Emissionshandelssystems nach europäischem Vorbild, auf Bundesebene, gerungen. Da beide Kammern des US-Kongresses (Repräsentantenhaus und Senat) einem Gesetz unabhängig voneinander zustimmen müssen, beide Kammern aber unterschiedliche Mehrheitsverhältnisse haben, ist dies mehr als schwierig. Der „Liebermann-Warner Climate Security Act", ein Gesetz zur Einführung eines bundesweiten Emissionshandelssystems, wurde vom Senat in verschiedenen Fassungen 2003, 2005 und 2008 abgelehnt (Götz, 2010).

In einem neuen Anlauf ein bundesweites Emissionshandelssystem zu installieren, fand der „American Clean Energy and Security Act" im Jahr 2009, zwar eine knappe Mehrheit im Repräsentantenhaus, scheiterte dann aber im Senat (OpenCongress, 2009).

Auch in Kanada gibt es Pläne ein verpflichtendes nationales EHS einzuführen. Um das System kompatibel mit einem potentiellen US-

System zu gestalten, wartet man in Ottawa noch auf eine Entscheidung in Washington (Götz, 2009).

Ungeachtet dessen gibt es in Nordamerika einige bereits existierende lokale Emissionshandelssysteme, oder solche, die sich noch im Aufbau befinden.

- **Chicago Climate Exchange**

Bei der Chicago Climate Exchange (CCX) handelt es sich um ein freiwilliges „Cap and Trade“ System. Die zugehörige Emissionshandelsbörse trägt denselben Namen. Während an der Börse immer noch verschiedene Emissionszertifikate gehandelt werden, endete das 2003 geschaffene Emissionshandelssystem Ende 2010. Das CCX unterteilte sich in zwei Phasen, 2003 bis 2006 und 2007 bis 2010. Die teilnehmenden Unternehmen (Ford, Sony, Motorola, IBM, Intel, u.v.a.) verpflichteten sich zu einer jährlichen Reduktion von 1,5% ihrer THGs (vgl. Annex-A KP) gegenüber ihrer historischen THG Emissionen aus dem Basisjahr 2002 (Götz, 2010; Götz, 2009). Die CCX Zertifikate, Carbon Financial Instruments (CFIs), wurden während des gesamten Handelszeitraums zwischen 0,05 USD/t$CO_2$e und 7,5 USD/t$CO_2$e gehandelt. Der CFI-Preis fiel ab Mitte 2009, als klar wurde, dass das EHS nicht verlängert werden würde, erstmals merklich unter 1 USD/t$CO_2$e um im Februar 2010 den Mindestpreis von 0,05 USD/t$CO_2$e zu erreichen (CCX, 2011).

Etwa 150 Unternehmen und Organisationen nahmen am CCX teil (CCX, 2010).

- **Regional Greenhouse Gas Initiative**

Die Regional Greenhouse Gas Initiative (RGGI) ist das erste verpflichtende EHS der USA und startete 2009. RGGI deckt die von Kraftwerken ab einer Feuerungsleistung von 25 MW verursachten $CO_2$-Emissionen in den teilnehmenden Bundesstaaten (Connecticut, Delaware, Maine, Maryland, Massachusetts, New Hampshire, New Jersey, New York, Rhode Island und Vermont) ab. Diese Staaten werden in dem gemeinsamen „Cap and Trade" System die Emissionen aus Kraftwerken bis 2014 konstant halten, von 2015 bis 2018 jährlich um 2,5% senken und dann bis 2020 wieder konstant halten. RGGI setzt sich aus den individuellen EHS der Staaten zusammen, die wiederum auf gemeinsamen Regeln basieren. Mindestens 25% der Emissionszertifikate müssen jährlich von den teilnehmenden Bundesstaaten versteigert werden, wobei manche Staaten einen weit größeren Anteil versteigern. Die nicht auktionierten Zertifikate werden kostenlos zugeteilt (Götz, 2009; RGGI, 2011a). Die Auktionserlöse lagen bisher zwischen 1,86 USD/t$CO_2$ und 3,51 USD/t$CO_2$ (RGGI, 2011b).

- **Western Climate Initiative**

Die Western Climate Initiative (WCI) ist eine von US-Bundesstaaten und kanadischen Provinzen ins Leben gerufene Initiative zur Bekämpfung des Klimawandels unabhängig von den jeweiligen nationalen Regierungen. Ziel ist es die THG-Emissionen (vgl. Annex-A KP) bis 2020 um 15% unter das Niveau von 2005 zu senken. Neben anderen Maßnahmen, etwa Emissionsvorgaben für Kfz, wird ab 2012 ein „Cap and Trade" EHS eingeführt. Die Mitglieder erfassen seit 2010 ihre jährlichen Emissionen um auf dieser Basis einen Cap festzusetzen. Vorerst sind drei jeweils dreijährige Handelsperioden geplant. In der ersten Handelsperiode sollen ca. 2/3 der Emissionen (Emittenten > 25 $ktCO_2e/a$) der WCI Partner Staaten und Provinzen erfasst werden. Ab der zweiten Handelsperiode, die 2015 beginnt, sollen 90% der Gesamtemissionen der WCI Partner erfasst werden. Somit werden Emissionen aus Energiewirtschaft, Industrie, Verkehr und Gebäuden einbezogen. Nicht erfasst werden Emissionen aus Forst- und Landwirtschaft. Jedoch sollen diese Bereiche durch Offset-Projekte mit eingebunden werden. Außerdem sollen auch CERs aus CDM-Projekten im EHS nutzbar sein (Götz, 2010; WCI, 2011a).

WCI Partner sind die US-Bundesstaaten Arizona, Kalifornien, Montana, New Mexico, Oregon, Utah und Washington, sowie die kanadischen Provinzen British Columbia, Manitoba, Ontario und Quebec. Beobachter Status haben die US-Bundesstaaten Alaska, Colorado, Idaho, Kansas, Nevada und Wyoming, die kanadische Provinz Saskatchewan sowie die mexikanischen Bundesstatten Baja California, Chihuahua, Coahuila, Nuevo Leon, Sonora und Tamaulipas (WCI, 2011b). Anfang 2010 gab die Gouverneurin von Arizona bekannt, dass Arizona aufgrund der Wirtschaftskrise vorerst nicht am EHS teilnehmen, aber weiterhin WCI Partner bleiben wird (Brewer, 2010).

- **Midwestern Greenhouse Gas Reduction Accord**

Der Midwest Greenhouse Gas Reduction Accord (MGGRA) ist ein Engagement der Gouverneure von sechs Bundesstaaten im Mittleren Westen der USA (Minnesota, Wisconsin, Illinois, Iowa, Michigan und Kansas) und dem Premier von einer kanadischen Provinz (Manitoba) zur Reduzierung der THG-Emissionen durch eine regionales „Cap and Trade" EHS und andere ergänzende Maßnahmen. Das Abkommen wurde im November 2007 als Teil der „Governors Association Energy

Security and Climate Change Summit" unterzeichnet. Die Bundesstaaten Indiana, Ohio und South Dakota sowie die kanadische Provinz Ontario fungieren als Beobachter des Systems (PEW Center on Global Climate Change, 2011a). Die Verpflichtungsperioden im 2012 beginnenden EHS dauern jeweils drei Jahre. Das MGGRA ist in seinem Design der WCI ähnlich. Im Vergleich zum Basisjahr 2005 sollen die Emissionen (vgl. Annex-A KP) bis 2020 um 18% bzw. 20% und bis 2050 um 80% reduziert werden. Im EHS erfasst werden Emissionen aus Energieerzeugung und -import, industriellen Feuerungsanlagen, Industrieprozessen und im Transport eingesetzten Treibstoffen. Nicht mit einbezogen werden Emittenten mit Emissionen unter 25 kt$CO_2$e/a bzw. einer Feuerungsleistung kleiner 25 MW. Die MGGRA Advisory Group (2009) empfiehlt ein Mischsystem zwischen Allokation und Auktionierung der Zertifikate. Nach Möglichkeit soll das MGGRA mit dem EU-ETS, der RGGI, der WCI und evtl. noch anderen verpflichtenden EHS verknüpft werden (MGGRA Advisory Group ,2009).

Abbildung 8 zeigt die Zugehörigkeit der Bundesstaaten und Provinzen zu den jeweiligen Emissionshandelssystemen.

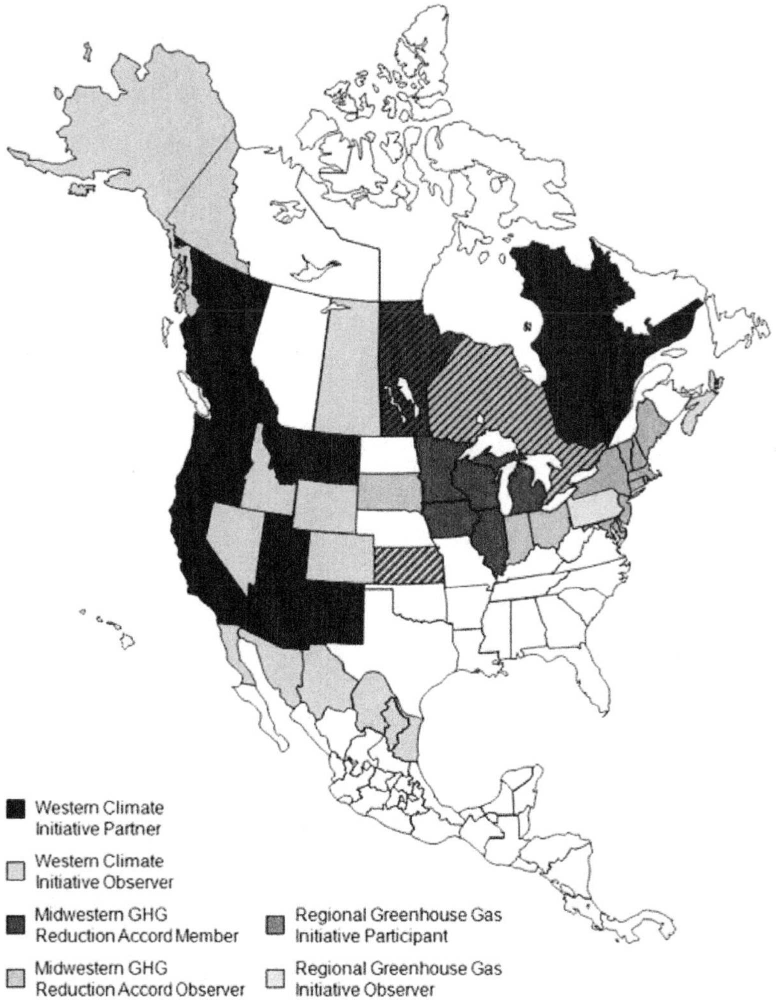


Abb. 8: Übersicht über Emissionshandelssysteme in Nordamerika (PEW Center on Global Climate Change, 2011b)

### 5.2.3 **Australien**

Das 2008 vom damaligen Premier Rudd präsentierte Carbon Pollution Reduction Scheme (CPRS) sollte ursprünglich 2010 eingeführt werden. Es fand allerdings keine Mehrheit im Parlament woran auch später die Regierung Rudds zerbrach (Taylor, 2010). Am 24. Februar kündigte die australische Premierministerin Gillard entgegen ihren Wahlversprechen die Einführung einer THG-Steuer ab 1. Juli 2012 an (DPA, 2011). Die Steuer soll für alle THG, die im Anhang A des KP angeführt sind, gelten (MPCCC, 2011). Besteuert werden die ca. 500 größten THG Emittenten (>25.000t $CO_2$e p.a.) Australiens mit 23 AUD/t$CO_2$e. Die Steuer soll für drei Jahre eingehoben werden und im Anschluss von einem Emissionshandelssystem abgelöst werden (FutureCamp, 2011).

Ähnlich wie in Nordamerika gibt es auch in Australien Emissionshandelssysteme auf regionaler Ebene. Der Bundesstaat New South Wales startete das sog. Greenhouse Gas Reduction Scheme, ein verpflichtendes EHS, bereits im Jahr 2003 (Götz, 2009).

### 5.2.4 **Neuseeland**

Neuseeland hat einen für ein Industrieland sehr ungewöhnlichen Emissionsmix. Beinahe die Hälfte der KP relevanten Emissionen stammen aus der Land- und Forstwirtschaft (Ministry for the Environment, 2011a). Aus diesem Grund werden im 2008 beschlossenen New Zealand Emissions Trading Scheme (NZ-ETS) auch diese Sektoren mit einbezogen. Erfasst werden die sechs KP Gase. Das NZ-ETS ist kein klassisches „Cap and Trade“ System, da es keine absolute Obergrenze für Emissionen gibt. Einerseits können New Zealand Units (NZUs) im Bereich der Forstwirtschaft, etwa durch Wiederaufforstung, generiert werden andererseits ist es auch möglich

Kyoto Zertifikate (ERUs, CERs, RMUs und AAUs) in beliebigem Umfang zur Pflichterfüllung zu verwenden. Die verschiedenen Sektoren werden zu unterschiedlichen Zeitpunkten ins System einbezogen (Ministry for the Environment, 2011b):

- Forstwirtschaft, seit 2008
- Energiewirtschaft, seit 2010
- Fischerei, seit 2010
- Industrie, seit 2010
- Flüssige Kraftstoffe, seit 2010
- Synthetische Gase (H-FKW, FKW, $SF_6$), ab 2013
- Abfallwirtschaft, ab 2013
- Landwirtschaft, ab 2015

Sollte kein internationales Klimaabkommen im Anschluss an das KP zustande kommen will die neuseeländische Regierung einen Cap für das NZ-ETS einführen (Ministry for the Environment, 2008). NZUs werden gemäß Allokationsplänen der Forstwirtschaft, den Fischereibetrieben, der Industrie (60% bzw. 90%) und der Landwirtschaft kostenlos zugeteilt. Den anderen Sektoren werden keine NZUs zugeteilt (Ministry for the Environment, 2011b).

Ende 2010 wurden im NZ-ETS 1312 Teilnehmer gezählt, 96 davon waren dazu verpflichtet, alle anderen nahmen freiwillig teil (Ministry for the Environment, 2011c).

### 5.2.5 **Japan**

Japan hat 2005 mit dem Japan Voluntary Emission Trading Scheme (JVETS) ein freiwilliges EHS eingeführt. Ziel des JVETS war es,

Erfahrungen für ein verpflichtendes EHS, das 2012 eingeführt werden sollte, zu sammeln. Aufgrund der geringen Teilnehmerzahl und der moderaten Minderungsziele im JVETS konnte sich kein funktionierender Markt bilden. Das JVETS wurde im Herbst 2008 in das Integrated Domestic Market of Emissions Trading (IDMET) System integriert. Das IDMET ist ebenfalls ein freiwilliges EHS bei dem die Teilnehmer ihre Emissionsziele selbst festlegen können. Erfasst wird nur $CO_2$. Inklusive der 125 Teilnehmer aus dem JVETS umfasste das IDMET zu Beginn 528 Marktteilnehmer aus verschiedenen Industriezweigen und der Energiewirtschaft. Auch im neuen System waren sowohl die ökonomischen als auch die ökologischen Ergebnisse ernüchternd (Ministry of the Environment, 2009; Rudolph, 2011).

Auf Druck der japanischen Wirtschaft nahm die regierende Demokratische Partei im Dezember 2010 schließlich ihre Pläne für ein verpflichtendes EHS ab 2012 zurück (DW, 2010).

Tabelle 7: Vergleich der wichtigsten Emissionshandelssysteme

| Bezeichnung | Gase | Dauer | Verpflichtete Sektoren | Allokation/Auktion | Teilnehmerzahl |
|---|---|---|---|---|---|
| **EU-ETS** | $CO_2$ (seit 2005); $N_2O$ und FKW (ab 2013) | seit 2005 | Energiewirtschaft, Industrie, Luftfahrt (ab 2012) | Allokation und Auktion | ca. 12000 |
| **CH-ETS** | $CO_2$ | 2008 bis 2012 | Freiwillige Teilnahme | Allokation | ca. 350 |
| **CCX** | $CO_2$, $CH_4$, $N_2O$, H-FKW, FKW, $SF_6$ | 2003 bis 2010 | Freiwillige Teilnahme | Allokation | ca. 150 |
| **MGGRA** | $CO_2$, $CH_4$, $N_2O$, H-FKW, FKW, $SF_6$ | ab 2012 | Energieerzeugung und -import, Industrie und Treibstoffe | Allokation und Auktion | - |
| **RGGI** | $CO_2$ | seit 2009 | Kraftwerke > $25MW_{th}$ | Allokation und Auktion | - |
| **WCI** | $CO_2$, $CH_4$, $N_2O$, H-FKW, FKW, $SF_6$ | ab 2012 | Emissionen aus Energiewirtschaft, Industrie, Verkehr und Gebäuden | - | - |
| **NZ-ETS** | $CO_2$, $CH_4$, $N_2O$ (seit 2008); H-FKW, FKW, $SF_6$ | seit 2008 | Energiewirtschaft, Fischerei, Industrie, Kraftstoffe, Abfall-, Forst- | Allokation | 1312 (Ende 2010) |

# 6 ENTWICKLUNG DER EMISSIONSMÄRKTE

## 6.1 Einflussfaktoren auf den Zertifikatspreis

Der Preis von Emissionszertifikaten bildet sich, wie in jedem funktionierenden Markt, durch Angebot und Nachfrage. Das Angebot ergibt sich aus der Menge an anrechenbaren Emissionszertifikaten, die den Teilnehmern eines Marktes zur Verfügung stehen. Im EU-ETS können EUAs, CERs und ERUs zur Pflichterfüllung heran gezogen werden. Für Annex-B Staaten des KP sind AAUs, CERs, ERUs und RMUs von Bedeutung. Die Nachfrage wird durch die Menge der zugeteilten und versteigerten Zertifikate (EU-ETS) bzw. durch die länderspezifischen Emissionsgrenzen der Annex-B Staaten (KP) bestimmt (Glock, 2008).

Die grundlegende Idee des Emissionshandels ist, dass Emissionen dort eingespart werden wo dies zu den geringsten Kosten möglich ist. Marktteilnehmer, die Einsparungen nur zu relativ hohen Kosten realisieren können, bezahlen andere (durch den Kauf von Emissionsrechten) dafür Emissionen zu senken. Der Handelspartner, der für die Emissionsminderung sorgt, wird dies natürlich nur tun solange die Grenzkosten für die Reduktionsmaßnahme nicht die Erlöse aus dem Zertifikatsverkauf übersteigen. Auf der anderen Seite ist natürlich der Käufer der Emissionsrechte nur dann bereit zu kaufen, wenn die Zertifikatskosten nicht seine eigenen Reduktionsgrenzkosten übersteigen. Demzufolge bildet sich der Zertifikatspreis also am Schnittpunkt der Grenzvermeidungskostenkurven der beiden Handelspartner. Diese Logik kann ebenso auch auf mehr als zwei Handelsteilnehmer übertragen werden.

Dieser Prozess wird anhand des nachfolgenden Beispiels veranschaulicht. Abbildung 9 zeigt die Grenzvermeidungskostenkurven (GVKK) zweier Unternehmen die gemeinsam 14 Einheiten THG aus ihren jeweiligen Emissionsquellen einsparen sollen. Sollte jedes Unternehmen sieben Einheiten THG vermeiden so ergeben sich die gemeinsamen Kosten für beide Unternehmen aus der Summe der Flächen A+B+C+D. In diesem Fall liegen die Kosten für die letzte jeweils vermiedene Einheit für die Unternehmen bei $K_1$ bzw. $K_2$. Würde nun Unternehmen 1 zwei weitere Einheiten THG reduzieren so wäre Unternehmen 2 bereit die Kosten dafür zu tragen, denn dies wäre immer noch günstiger als die eigenen Emissionen aus Quelle 2 zu reduzieren. Also vermeidet nun Unternehmen 1 neun Einheiten THG und verkauft zwei Emissionszertifikate, zum Preis P, an Unternehmen 2, das seinerseits nun nur fünf Einheiten vermeiden muss. In diesem Fall betragen die Kosten für beide Unternehmen nur mehr die Summe der Flächen A+B+C (Wagner, 2007).

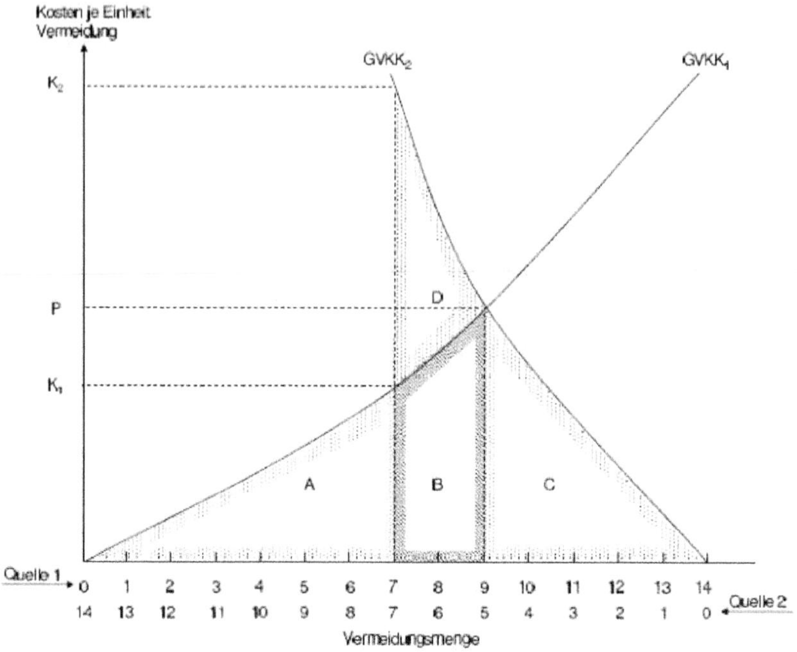


Abb. 9: Preisbildung von Emissionszertifikaten am Beispiel von zwei Unternehmen (Wagner, 2007)

Da die Energiewirtschaft ca. 2/3 der THG Emissionen im EU-ETS verursacht, ist einer der wichtigsten Einflussfaktoren auf den $CO_2$e-Preis der so genannte „Gas-Kohle-Spread“. Darunter versteht man die Preisdifferenz zwischen Steinkohle und Erdgas, betrachtet wird dabei jene Brennstoffmenge, die zur Produktion von 1 $MWh_{el}$ benötigt wird. Denn ein „Fuel-Switch“ von Steinkohle auf Gas (GuD-Kombikraftwerk) ist kurzfristig die effektivste Option zur Emissionsminderung, da bei der Produktion von 1 $MWh_e$ in einem GuD-Kombikraftwerk nur etwa die halbe Menge $CO_2$ ausgestoßen wird im Vergleich zum Kohlekraftwerk. Bei einem geringen „Gas-Kohle-Spread“ wird die Stromproduktion in GuD-Kombikraftwerk wirtschaftlich interessant, daher verlagert sich ein

Teil der Produktion von Kohle hin zu Gas. Folglich sinken auch die Nachfrage nach Emissionszertifikaten und somit auch der Preis für selbige. Ein hoher „Spread" hat genau gegenteilige Auswirkungen. Es kommt zu keiner Verlagerung wodurch aufgrund der höheren Zertifikatsnachfrage ein höherer Preis zu erwarten ist.

Ein weiterer wichtiger kurzfristiger Einflussfaktor auf den Zertifikatspreis ist das Wetter. Einerseits ist die Stromproduktion (Wind, PV, Laufwasserkraft), andererseits auch die Energienachfrage wetterabhängig. Wenn weniger Strom in erneuerbaren Kraftwerken produziert wird, muss dies durch eine gesteigerte Produktion in kalorischen Kraftwerken ausgeglichen werden, was die Nachfrage nach Emissionsrechten steigert. Temperaturextreme wirken sich auch auf den Energiebedarf aus. So muss bei extrem hohen Temperaturen mehr gekühlt und bei extrem niedrigen Temperaturen mehr geheizt werden, was automatisch zu mehr Emissionen und einer gesteigerten Nachfrage nach Emissionsrechten führt (KfW Bankengruppe, 2004).

Nachwievor sind die $CO_2$-Emissionen, und damit die Nachfrage nach Zertifikaten, von der gesamtwirtschaftlichen Entwicklung eines Wirtschaftsraumes abhängig. Aufgrund von Effizienzmaßnahmen und dem steigenden Anteil erneuerbarer Energieträger am Energiemix geht die positive Korrelation zwischen Wirtschaftswachstum und $CO_2$-Ausstoß zwar zurück ist aber immer noch vorhanden (Glock, 2008). Dies wurde deutlich als in Europa die Emissionen in Folge der letzten Finanz- und Wirtschaftkrise merklich zurück gingen.

Politische Entscheidungen haben langfristig wesentlichen Einfluss auf Angebot und Nachfrage an den Emissionsmärkten. So wird das Angebot an Zertifikaten ganz wesentlich durch den Cap im jeweiligen Handelssystem geregelt. Sollte ein internationales Nachfolgeabkommen zum KP zustande kommen und die Europäische Kommission wie angekündigt die Reduktionsziele für 2020 von -20% auf -30% (im Vergleich zu 1990) verschärfen, hätte dies eine dramatische Verknappung des Angebotes an EUAs im EU-ETS zur Folge. Auch die Entscheidung, welche Zertifikate in welchem Umfang zur Pflichterfüllung zulässig sind, ist von Bedeutung. Politische Entscheidungen beeinflussen aber auch die Nachfrage an den Emissionshandelsmärkten. So reduziert die Förderung Erneuerbarer Energien, von Energieeffizienzmaßnahmen oder CCS (Carbon Capture and Storage) die Nachfrage. Andere Entscheidungen, wie etwa der Kernkraftausstieg in der Bundesrepublik Deutschland, haben einen gegenteiligen Effekt.

Die Verknüpfung der Emissionshandelsmärkte, entweder direkt (durch gegenseitige Anerkennung der jeweiligen Zertifikate) oder indirekt (durch CERs und ERUs), führt zu einer Annäherung der Preise, da sich der Markt immer in Richtung der geringeren Kosten orientiert.

Eine Ausweitung des Emissionsmarktes, etwa durch die Einbeziehung neuer THG oder neuer Sektoren, steigert gleichzeitig Angebot und Nachfrage. Dadurch ist eine größere Liquidität des Marktes zu erwarten, die sich in der Regel stabilisierend auf die Preisvolatilität auswirkt.

## 6.2 Entwicklung des Emissionsmarktes

Nach fünf Jahren des stabilen Wachstums, stagnierte der globale Kohlenstoffmarkt 2010 bei einem Marktwert von 142 Mrd. USD. Als Folge der fehlenden rechtlichen Klarheit, nach Auslaufen des KP mit Ende 2012, entwickelte sich der CDM Markt (pCERs und sCERs) bereits im dritten Jahr hintereinander rückläufig. Im Gegensatz dazu konnte der EUA Markt seinen Wert weiter steigern. Im Jahr 2010 hatte der EUA Markt bereits einen Anteil von 84% am globalen Kohlenstoffmarkt.

Andere Märkte haben bisher, global gesehen, nur eine geringe Bedeutung (siehe Abbildung 10) (Weltbank, 2011).

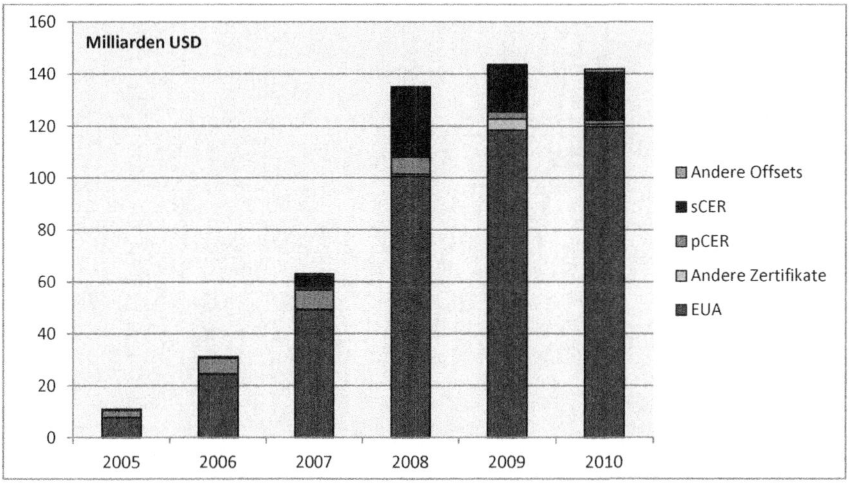


Abb. 10: Entwicklung des globalen Kohlenstoffmarktes 2005 bis 2010 (Daten: Weltbank, 2011)

## 6.3 Preisentwicklung einzelner Produkte

### 6.3.1 EUA

European Union Allowances (EUAs) werden international an verschiedenen Börsen sowie auch Over the Counter (OTC) gehandelt. Während zu Beginn EUAs mehrheitlich OTC gehandelt wurden, stieg der Börsenhandel kontinuierlich an. 2009 wurden erstmals mehr Zertifikate an der Börse gehandelt als OTC. Während der Großteil des Spot-Handels über die BlueNext in Paris abgewickelt wird ist die wichtigste Börse für EUA-Derivate ICE Futures Europe in London (Glock, 2010).

Nachfolgend werden der Forward Preis für EUAs, zur Lieferung im Dezember 2012, und gehandelte EUA-Mengen (aller Produkte) der zweiten EU-ETS Verpflichtungsperiode dargestellt.

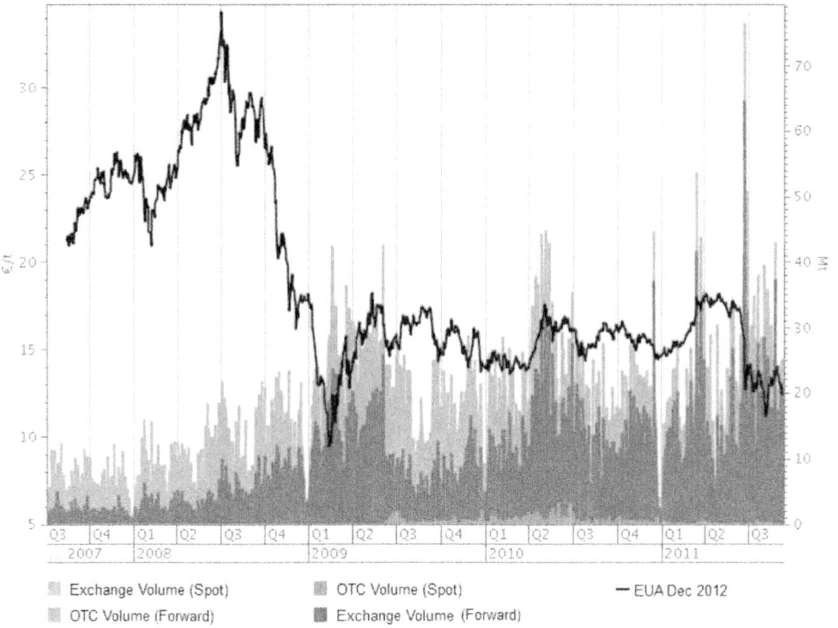


Abb. 11: EUA 08-12 Preise für Lieferung im Dezember 2012 und Handelsvolumen (Point Carbon, 2011a)

Der Preis für EUAs, für die Verpflichtungsperiode 2008 bis 2012, stieg am Beginn der Handelsperiode von 20,- €/t $CO_2$ auf über 29,- €/t $CO_2$ um Anfang Juli 2008 einen Höchststand zu erreichen. In der Folge sank der Preis wieder auf knapp über 25,- €/t$CO_2$ um dann in Folge der allgemeinen Wirtschafts- und Finanzkrise, begleitet von schlechten Konjunkturprognosen für die EU, bis Anfang 2009 auf 7,5 €/t $CO_2$ zu fallen. Bis Mitte 2009 erholte sich der EUA Preis wieder und pendelte sich in der Folge um 15,- €/t $CO_2$ ein. Nach dem am 20. Jänner 2011 bekannt wurde, dass in elektronischer Form vorliegende EUAs in großem Umfang gestohlen wurden, stellten die europäischen

Emissionshandelsbörsen und die nationalen Emissionshandelsregister ihren Betrieb bis einschließlich 3. Februar 2011 ein (Süddeutsche Zeitung, 2011; KOM, 2011e). Ende des zweiten Quartals 2011 rutschte der Preis auf etwa 12,- €/t $CO_2$ ab.

### 6.3.2 **CER**

Certified Emission Reductions (CERs), die auf Grundlage von CDM Projekten ausgestellt werden, können von Annex B Staaten des KP, von Unternehmen im EU-ETS und von Verpflichteten in einigen anderen Emissionshandelssystemen (s.o.) zur Pflichterfüllung herangezogen werden. Prinzipiell unterscheidet man zwischen „primary" CERs (pCERs), die direkt vom Projektbesitzer stammen, und „secondary" CERs (sCERs). Bei sCERs handelt es sich um wiederverkaufte Zertifikate. Hierbei biete sich dem Käufer die Möglichkeit CERs, losgelöst vom Projekt, zu erwerben. Der Verkäufer sichert dem Käufer bei Vertragsabschluss die Lieferung von CERs zu einem gewissen Zeitpunkt zu. Der Verkäufer ist für die Beschaffung der Zertifikate verantwortlich und trägt so das Projektausfallsrisiko alleine (Glock, 2008). Aus diesem Grund werden pCERs, abhängig vom Projektrisiko, mit einem gewissen Preisabschlag gegenüber sCERs gehandelt.

Nachfolgend werden der Forward Preis für sCERs, zur Lieferung im Dezember 2011, und gehandelte CER-Mengen (aller Produkte) dargestellt.

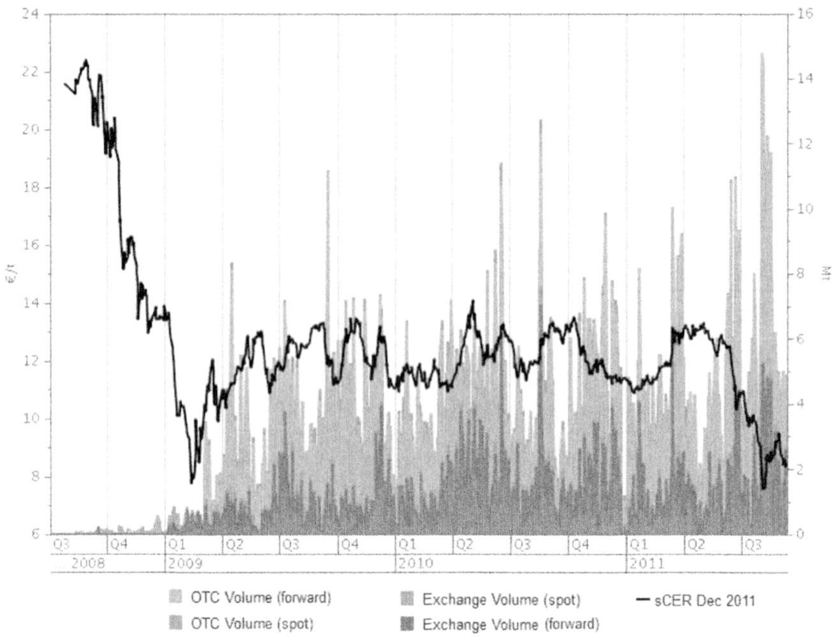


Abb. 12: sCER Preise für Lieferung im Dezember 2011 und Handelsvolumen (Point Carbon, 2011b)

Da der Großteil der Nachfrage nach CERs von Verpflichteten aus dem EU-ETS kommt, die laut „Linking Directive" CERs und ERUs zur Pflichterfüllung heran ziehen können, orientiert sich der CER Preis sehr stark am EUA Preis. Parallel zum EUA Preis brach auch der CER Preis in Folge der allgemeinen Wirtschafts- und Finanzkrise, begleitet von schlechten Konjunkturprognosen für die EU, ein um sich anschließend wieder zu erholen. Gegen Mitte 2009 pendelte sich der CER Preis um 12,- €/t $CO_2$e ein um dann im zweiten Quartal 2011, analog zum EUA Preis, auf etwa 8,- €/t $CO_2$e zu fallen.

Da bei sCER zwar das Projektrisiko entfällt, sie aber nur in beschränktem Ausmaß im EU-ETS eingesetzt werden können, werden sie mit einem Preisabschlag gegenüber EUAs gehandelt (Hervé-

Mignucci, 2009; Nazifi, 2010). Diese Preisdifferenz wird auch als „EUA-sCER Spread" bezeichnet.

Nachfolgende Abbildung stellt den „EUA-sCER Spread", jeweils für Lieferung im Dezember 2012, dar.

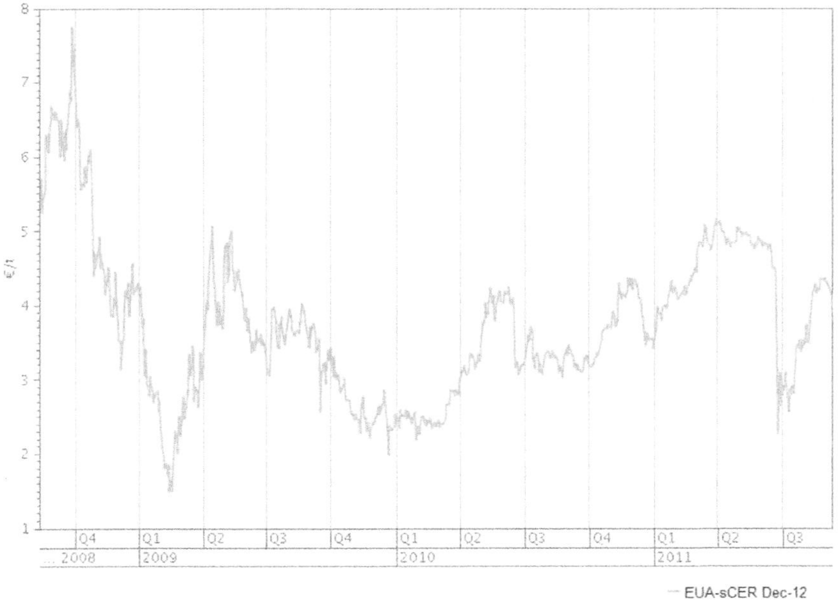


Abb. 13: EUA-sCER Spread für Lieferung im Dezember 2012 (Point Carbon, 2011b)

### 6.3.3 **ERU**

Der Markt für ERUs ist deutlich kleiner als der CER Markt und deshalb weniger liquide und transparent. Laut Weltbank (2011) werden bis Ende der ersten Kyoto Verpflichtungsperiode etwa 1150 Mio. CERs und 215 Mio. ERUs ausgestellt. ERUs werden nur an sehr wenigen Börsen gehandelt. Die Spot Märkte sind wenig liquide, da der Großteil der ERUs OTC gehandelt oder auktioniert wird (Climex, 2009; Commodities Now, 2010; BlueNext, 2011). Laut Glock (2010) werden ERUs üblicherweise mit einem geringen Preisabschlag gegenüber CERs gehandelt. Zudem ist bei ERUs die Preisspanne im Allgemeinen größer als bei CERs. Der Preis für ERUs ist abhängig vom Herkunftsland und von der Projektart. Nachfolgend werden CER und ERU Spotpreise seit dem ERU Handelsstart am 03. Dezember 2010 bei BlueNext dargestellt.

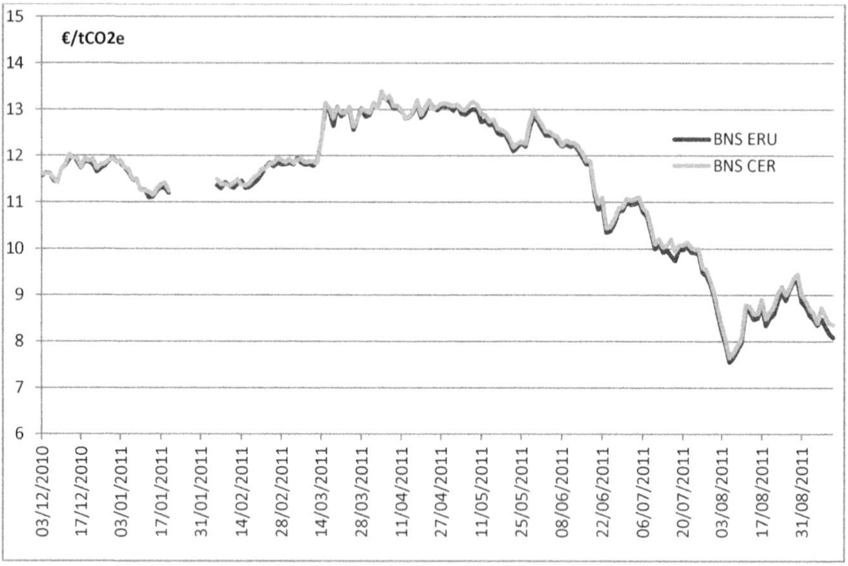


Abb. 14: ERU und CER Kursverlauf (Daten: BlueNext, 2011)

Abbildung 14 zeigt, dass die Preise für ERUs und CERs zumindest am Spot Mart praktisch ident sind. Der von Glock (2010) angesprochene Preisabschlag von ERUs gegenüber CERs ist nicht zu erkennen.

### 6.3.4 AAU

Anders als bei anderen Emissionszertifikaten ist der Markt für AAUs wenig transparent. Der Grund dafür ist, dass es nur wenige Marktteilnehmer gibt. Als Verkäufer von AAUs treten hauptsächlich Staaten, welche im KP als *„Staaten im Übergang zur Marktwirtschaft“*

(UNFCCC, 1997) definiert sind, auf. AAU Käufer sind hauptsächlich Staaten (Japan, Australien, Neuseeland und westeuropäische Staaten), die Schwierigkeiten haben ihre im KP festgelegten Emissionsgrenzen einzuhalten, und japanische Unternehmen (Powernews, 2011).
Die Preise für AAUs sinken seit 2009. Wurden 2009 noch AAUs für 10,- €/t $CO_2$e gehandelt, so fiel der Preis 2010 auf 7 bis 8,- €/t $CO_2$e. Im Jahr 2011 wurden AAUs bereits für unter 5,- €/t $CO_2$e gehandelt. Gründe für den Preisverfall sind ein starkes Überangebot sowie eine geringere Nachfrage als Folge der allgemeinen Wirtschafts- und Finanzkrise (Powernews, 2011). Aufgrund des massiven Überangebots und der Tatsache, dass eine zweite Verpflichtungsperiode bzw. eine Verlängerung der ersten Verpflichtungsperiode des KP derzeit nicht in Sicht ist, ist davon auszugehen, dass die Preise für AAUs weiter fallen werden (Powernews, 2011; Kohlbach, 2011).

# 7 UNFCCC VERHANDLUNGSPROZESS

## 7.1 Einleitung

Der Post-Kyoto-Prozess beschreibt die Verhandlungen über ein UNFCCC Klimaabkommen, das dem KP nachfolgen soll. Dieser Prozess wurde 2007 auf der COP13 in Bali durch den Beschluss des „Bali Action Plans" offiziell gestartet. Im „Bali Action Plan" kamen die Vertragsparteien überein, dass mit sofortiger Wirkung ein Prozess gestartet werden soll um auf COP15 ein einvernehmliches Abkommen zu beschließen, das folgende Punkte beinhaltet:

- Ein langfristiges, globales Emissionsziel unter Berücksichtigung der gemeinsamen, aber differenzierten Verantwortung
- Maßnahmen zur Abschwächung des Klimawandels
- Maßnahmen zur Anpassung an den Klimawandel
- Technologieentwicklung und –transfer zur Anpassung an den bzw. zur Abschwächung des Klimawandels
- Finanzierung von Maßnahmen zur Anpassung an den bzw. zur Abschwächung des Klimawandels

Zur Vorbereitung des Abkommens wurde eine Arbeitsgruppe („Ad Hoc Working Group on Long-term Cooperative Action under the Convention", AWG-LCA) installiert und eingesetzt, die ihre Ergebnisse Ende 2009 auf COP15 in Kopenhagen präsentieren sollte (UNFCCC, 2007). Die AWG-LCA tagte bis zur Klimakonferenz in Kopenhagen insgesamt neunmal (siehe Tabelle 8) (UNFCCC, 2011c). Trotz der Vielzahl an Arbeitstreffen gelang es der Arbeitsgruppe nicht, bis Ende 2009 einen konsensfähigen Vorschlag für ein Kyoto-Nachfolgeabkommen zu erarbeiten.

Parallel zu den Verhandlungen über ein Kyoto Nachfolgeabkommen auf Ebene der UNFCCC wird bereits seit Anfang 2006 über die 2. Verpflichtungsperiode im KP verhandelt. Zu diesem Zweck wurde 2005 auf der CMP1 in Montreal die "Ad Hoc Working Group on Further Commitments for Annex I Parties under the Kyoto Protocol" (AWG-KP), per Beschluss, ins Leben gerufen(UNFCCC, 2011d). Die AWG-KP soll sicherstellen, dass keine Lücke zwischen der ersten und zweiten KP Verpflichtungsperiode entsteht. Trotz einer Vielzahl an Arbeitstreffen (siehe Tabelle 8) ist es auch der AWG-KP nicht gelungen bei der Klimakonferenz in Kopenhagen einen beschlussfähigen Entwurf zu präsentieren (UNFCCC, 2009b).

Tabelle 8: Post-Kyoto Verhandlungen bis Ende 2011 (UNFCCC, 2011d; UNFCCC, 2011e)

| Ort | Datum | Veranstaltung |
|---|---|---|
| Bonn | 17. bis 25. Mai 2006 | AWG-KP |
| Nairobi | 6. bis 14. November 2006 | AWG-KP |
| Bonn | 14. bis 18. Mai 2007 | AWG-KP |
| Wien | 27. bis 31. August 2007 | AWG-KP |
| Bali | 3. bis 15. Dezember 2007 | COP13/CMP3, AWG-KP |
| Bangkok | 31. März bis 4. April 2008 | AWG-KP, AWG-LCA |
| Bonn | 2. bis 13. Juni 2008 | AWG-KP, AWG-LCA |
| Accra | 21. bis 27. August 2008 | AWG-KP, AWG-LCA |
| Posen | 1. bis 12. Dezember 2008 | COP14/CMP4, AWG-KP, AWG-LCA |
| Bonn | 29. März bis 8. April 2009 | AWG-KP, AWG-LCA |
| Bonn | 1. bis 12. Juni 2009 | AWG-KP, AWG-LCA |
| Bonn | 10. bis 14. August 2009 | AWG-KP, AWG-LCA |
| Bangkok | 28. September bis 9. Oktober 2009 | AWG-KP, AWG-LCA |
| Barcelona | 2. bis 6. November 2009 | AWG-KP, AWG-LCA |
| Kopenhagen | 7. bis 18. Dezember 2009 | COP15/CMP5, AWG-KP, AWG-LCA |
| Bonn | 9. bis 11. April 2010 | AWG-KP, AWG-LCA |
| Bonn | 1. bis 11. Juni 2010 | AWG-KP, AWG-LCA |
| Bonn | 2. bis 6. August 2010 | AWG-KP, AWG-LCA |
| Tianjin | 4. bis 9. Oktober 2010 | AWG-KP, AWG-LCA |
| Cancun | 27. November bis 10. Dezember 2010 | COP16/CMP6, AWG-KP, AWG-LCA |
| Bangkok | 5. bis 8. April 2011 | AWG-KP, AWG-LCA |
| Bonn | 7. bis 17. Juni 2011 | AWG-KP, AWG-LCA |
| Panama City | 1. bis 7. Oktober 2011 | AWG-KP, AWG-LCA |
| Durban | 28. November bis 9. Dezember 2011 | COP16/CMP6, AWG-KP, AWG-LCA |

## 7.2 COP15/CMP5 in Kopenhagen

Bereits vor dem Klimagipfel in Kopenhagen war klar, dass ein konkretes Post-Kyoto Klimaabkommen schwer zu erreichen sein würde. Die Deutsche Kanzlerin Merkel etwa räumte vor dem Treffen ein, dass es in Kopenhagen eher darum gehe den politischen Rahmen für ein Kyoto-Nachfolgeabkommen festzulegen als einen fertig ausverhandelten Vertrag zu präsentieren (Bolzen & Schäder, 2009). Trotzdem war die COP15, mit über 40.000 Delegierten und 120 anwesenden Staats- und Regierungschefs (BMU, 2009), jene Klimakonferenz in der Geschichte des UNFCCC, die sowohl politisch als auch medial am meisten Aufmerksamkeit erfuhr. Vor diesem Hintergrund war dann das Ergebnis, der „Copenhagen Accord", für viele Beobachter umso enttäuschender. Dies gilt sowohl für die Inhalte, als auch für die rechtliche Ausgestaltung der Vereinbarung. Da in der UNFCCC bei Abstimmungen das Prinzip der Einstimmigkeit zu tragen kommt, sich aber einige Staaten (Sudan, Venezuela, Bolivien, Tuvalu) gegen den Entwurf aussprachen, wurde der „Copenhagen Accord" lediglich zur Kenntnis genommen nicht aber verabschiedet. Somit ist der „Copenhagen Accord" als zentrales Element des Abschlussdokuments der COP15 rechtlich nicht bindend (BMU, 2009).

Der „Copenhagen Accord" beinhaltet folgende zentrale Punkte (UNFCCC, 2009a):

Reduktion der THG Emissionen: Die Unterstützerstaaten bezeichnen den Klimawandel als eine der größten Herausforderungen der Gegenwart und bekennen sich dazu, dass die globalen und nationalen Emissionen so schnell als möglich ihren Höhepunkt erreichen sollen. Außerdem verständigen sich die Unterstützerstaaten darauf, den globalen Temperaturanstieg auf unter 2 Grad zu begrenzen. Dieses Ziel soll bis 2015 überprüft und gegebenenfalls auf einen globalen Temperaturanstieg unter 1,5 Grad verschärft werden. Industrie- und Entwicklungsstaaten sollen selbst Emissionsziele (siehe Tabelle 9) bzw. Emissionsreduktionsmaßnahmen bis zum Jahr 2020 festlegen und bis zum 31. Januar 2010 in die Anhänge der Vereinbarung eintragen.

Finanzierung: Die Industriestaaten bekennen sich dazu, von 2010 bis 2012, bis zu 30 Mrd. USD für Vermeidungs- und Anpassungsmaßnahmen in den am wenigsten entwickelten Ländern und kleinen Inselstaaten zur Verfügung zu stellen. Ab dem Jahr 2020 sollen, bei ausreichenden und transparenten Minderungsangeboten der Entwicklungsstaaten, jährlich 100 Mrd. USD für Klimaschutzmaßnahmen mobilisiert werden. Zusätzlich soll ein „Copenhagen Green Fund“ gegründet werden, über den ein beträchtlicher Anteil der Gelder fließen soll.

- Neue Mechanismen: Mit „REDD+“[1] und einem Technologie Mechanismus sollen zwei Mechanismen entstehen um Entwicklungsländer einerseits bei Minderung ihrer Emissionen, resultierend aus Entwaldung und Walddegradierung, und andererseits bei Technologieprogrammen zu unterstützen. Die

---

[1] REDD= „Reducing Emissions from Deforestation and Degradation“, das „+“ steht für den Schutz und die nachhaltige Bewirtschaftung der Wälder und die Erhöhung der Kohlenstoffvorräte (BMU, 2009)

genaue Funktionsweise dieser Mechanismen wird aber offen gelassen.

Da man mit dem wenig konkret formulierten und völkerrechtlich nicht bindenden „Copenhagen Accord“ von dem Ziel einer Kyoto Nachfolgeregelung weiterhin sehr weit entfernt war, wurde das Mandat der beiden Verhandlungsgruppen (AWG-KP und AWG-LCA) bis zur COP16/CMP6 in Cancun im Jahr 2010 verlängert (UNFCCC, 2009a; UNFCCC, 2009b).

Tabelle 9: Selbstverpflichtung der Industrieländer in Rahmen des "Copenhagen Accord" (UNFCCC, 2011f)

| **Annex I Partei** | **Emissions-reduktion bis 2020** | **Bezugsjahr** | **Zusatzinformation** |
|---|---|---|---|
| Australien | -5%, -15% oder -25% | 2000 | -25% bei einem internationalen Abkommen, das die THG Konzentration in der Atmosphäre auf unter 450 ppm $CO_2e$ begrenzt, -15% bei einem internationalen Abkommen, das dieses Ziel verfehlt, -5% auch ohne internationales Abkommen |
| EU | -20% bzw. -30% | 1990 | -30% bei einem internationalen Abkommen, in dem sich andere Industrieländer zu ähnlichen Zielen verpflichten, -20% auch ohne internationales Abkommen |
| Island | -30% | 1990 | bei einem internationalen Abkommen, in dem sich andere Industrieländer zu ähnlichen Zielen verpflichten |
| Japan | -25% | 1990 | bei einem internationalen Abkommen, an dem alle großen Volkswirtschaften teilnehmen |
| Kanada | -17% | 2005 | abhängig von den Emissionszielen der USA |
| Kasachstan | -15% | 1992 | |
| Kroatien | -5% | 1990 | vorläufiges Ziel bis zum EU-Beitritt Kroatiens |
| Lichtenstein | -20% bzw. -30% | 1990 | siehe EU |
| Monaco | -30% | 1990 | Ziel soll durch die Nutzung der flexiblen Mechanismen erreicht werden |
| Neuseeland | -10% bis -20% | 1990 | internationales Abkommen mit vergleichbaren Zielen für andere Industrieländer vorausgesetzt |
| Norwegen | -30% bis -40% | 1990 | bei einem internationalen Abkommen analog zum 2°-Ziel, das Verpflichtungen für alle großen Emittenten vorsieht, wird Norwegen seine Emissionen um 40% reduzieren |
| Russland | -15% bis -25% | 1990 | Ausmaß der Reduktion ist abhängig von:<br>- einem internationalen Abkommen, das Verpflichtungen für alle großen Emittenten vorsieht<br>- einer angemessenen Anrechnung der russischen Senken (Wälder) |
| Schweiz | -20% bzw. -30% | 1990 | siehe EU |

Fortsetzung auf der folgenden Seite

Fortsetzung von vorheriger Seite

| Annex I Partei | Emissions-reduktion bis 2020 | Bezugsjahr | Zusatzinformation |
|---|---|---|---|
| Ukraine | -20% | 1990 | unter den folgenden Bedingungen:<br>- quantifizierte Ziele zur Emissionsreduktion für Annex I-Länder;<br>- Beibehaltung des Status der Ukraine als ein Land im Übergang zur Marktwirtschaft;<br>- Beibehaltung der bestehenden flexiblen Mechanismen des Kyoto-Protokolls;<br>- 1990 als einziges Basisjahr;<br>- nicht verwendete AAUs aus der ersten Kyoto Verpflichtungsperiode behalten ihre Gültigkeit |
| USA | -17% | 2005 | ca. 17% - das Endziel wird auf Basis der zu erlassenden US-Energie- und Klimapolitikrechtsvorschriften gemeldet |
| Weißrussland | -5 bis -10% | 1990 | abhängig von folgenden Bedingungen:<br>- Beibehaltung des Status Weißrusslands als ein Land im Übergang zur Marktwirtschaft;<br>- Beibehaltung der bestehenden flexiblen Mechanismen des Kyoto-Protokolls;<br>- Intensivierung des Technologietransfers, sowie Ausbau der Hilfe zur Selbsthilfe und des Erfahrungsaustauschs für Weißrussland<br>- Klarheit über die Anwendung neuer LULUCF Regeln und Modalitäten |

## 7.3 COP16/CMP6 in Cancun

Im Gegensatz zu den Ergebnissen der COP15/CMP5 in Kopenhagen wird das Ergebnis COP16/CMP6 in Cancun von vielen Beobachtern als Teilerfolg bezeichnet. Dies liegt wahrscheinlich auch an der Erwartungshaltung im Vorfeld der Klimakonferenz. Denn nachdem die hohen Erwartungen an die Konferenz in Kopenhagen nicht erfüllt worden waren, konnte man davon ausgehen, dass auch auf der COP16 kein rechtsverbindliches Kyoto Nachfolgeabkommen präsentiert werden würde.

Das zentrale Ergebnis hinsichtlich eines Kyoto Nachfolgeabkommens der COP16 sind die „Cancun Agreements", die im Wesentlichen auf dem „Copenhagen Accord" aufbauen. Im Unterschied zum „Copenhagen Accord" sind die „Cancun Agreements" rechtsverbindlich. Die „Cancun Agreements" wurden, trotz der Einwände Boliviens, mit Zustimmung aller anderen Vertragsstaaten beschlossen, obwohl UNFCCC Beschlüsse eigentlich einstimmig erfolgen müssen (Bauchmüller, 2010).

Der „Copenhagen Accord" beinhaltet folgende zentrale Punkte (UNFCCC, 2010b):

- Begrenzung der globalen Erwärmung auf unter 2 Grad gegenüber dem vorindustriellen Temperaturniveau. Dieses Ziel soll, beginnend mit 2013 bis 2015, überprüft und gegebenenfalls auf 1,5 Grad verschärft werden.
- Vertragsparteien sollen zusammenarbeiten um das globale und nationale Emissionsmaximum so schnell als möglich zu erreichen. Es wird anerkannt, dass Entwicklungsländer ihr Emissionsmaximum später erreichen als entwickelte Staaten weil die wirtschaftliche Entwicklung und die Armutsbekämpfung Priorität haben.
- Industrieländer müssen aufgrund ihrer historischen Verantwortung die Führungsrolle im Kampf gegen den Klimawandel übernehmen und ihre Ambitionen zur THG Reduktion übereinstimmend mit dem 4. IPCC „Assessment Report" verstärken.
- Entwicklungsländer werden, mit Hilfe technologischer und finanzieller Unterstützung, national angemessene Maßnahmen zur Abschwächung des Klima-wandels („nationally appropriate mitigation actions", NAMA), im Kontext einer Nachhaltigen

Entwicklung, treffen. Ziel ist eine Reduktion der Emissionen relativ zu den „business as usual"-Emissionen im Jahr 2020.

- Um mehr Transparenz zu schaffen werden künftig alle Vertragsparteien über Fortschritte bei der Erfüllung ihrer nationalen Klimaschutzziele berichten. Industrieländer verbessern die Berichterstattung über ihre Unterstützung der Entwicklungsländer. Im Gegenzug werden Entwicklungsländer die Berichterstattung über ihre Klimaschutzmaßnahmen verstärken. Weiter akzeptieren Entwicklungsländer eine internationale Beratung und Analyse ihrer Klimaschutzmaßnahmen.
- Erste wichtige Entscheidungen zur Schaffung des neuen REDD+ Mechanismus (s.o.) werden getroffen. Weitere noch offene Punkte sollen von der AWG-LCA bis zur COP17 ausgearbeitet werden.
- Zur Finanzierung von Klimaschutz- und Anpassungsmaßnahmen in den Entwicklungsländern werden die Industrieländer von 2010 bis 2012 30 Mrd. USD bereit stellen und über die Verwendung dieser Mittel berichten. Ab 2020 werden die Industrieländer, zur Finanzierung von Klimaschutz- und Anpassungsmaßnahmen in den Entwicklungsländern, jährlich 100 Mrd. USD bereit stellen. Ein "Green Climate Fund" wird installiert und soll einen Teil dieser Mittel verwalten.
- Die Vertragsparteien erwägen die Schaffung je eines weiteren marktbasierten und eines nicht marktbasierten Mechanismus zur Abschwächung der globalen Erwärmung. Die AWG-LCA wird in beiden Fällen mit der Ausarbeitung von Vorschlägen, über die bei der COP17 entschieden werden soll, beauftragt.

- Ein neuer Technologie Mechanismus wird geschaffen um durch Technologieentwicklung und –transfer Anpassungs- und Vermeidungsmaßnahmen, unter Berücksichtigung nationaler Gegebenheiten, zu beschleunigen. Der Mechanismus setzt sich aus dem „Technology Executive Committee“ (TEC) und dem „Climate Technology Centre and Network“ (CTCN) zusammen. Das TEC wird aus 20 Experten bestehen (11 aus Entwicklungsländern und 9 aus den Industriestaaten) und unter anderem die technologischen Anforderungen identifizieren, internationale Technologietransferbemühungen koordinieren, und Empfehlungen abgeben, um diese effektiver zu gestalten. Das CTCN soll Entwicklungsländer bei der Identifikation technologischer Bedürfnisse sowie bei der Einführung umweltfreundlicher Technologien, Methoden und Verfahren unterstützen. Zu diesem Zweck soll es die Zusammenarbeit zwischen privaten und öffentlichen Forschungs- und Technologiezentren auf regionaler, nationaler und internationaler Ebene intensivieren.
- Das Mandat der AWG-LCA wird um ein Jahr bis zur COP17 in Durban im Dezember 2011 verlängert. Die AWG-LCA soll weiterhin über rechtliche Fragen eines Abkommens basierend auf dem „Bali Action Plan“ beraten und die Ergebnisse auf der COP17 präsentieren.

Obwohl sich die KP Vertragsparteien bei der CMP6 (noch) nicht auf die Fortsetzung des KP, durch die Festlegung einer zweiten Verpflichtungsperiode mit dazugehörigen Emissionszielen, einigen konnten, wurden einige wichtige Entscheidungen getroffen (UNFCCC, 2010c):

- Es wird anerkannt, dass die Annex I Staaten des KP ihre Emissionen als Gruppe bis 2020 um 25% bis 40% (im Vergleich zu 1990) reduzieren müssen. Auf dieser Basis sollen Emissionsbeschränkungen für die einzelnen Volkswirtschaften quantifiziert werden.
- Sowohl der Emissionshandel als auch die Projekt basierenden Mechanismen, JI und CDM, sollen weitergeführt werden um die Annex I Staaten dabei zu unterstützen ihre Ziele zu erreichen.
- Die AWG-KP soll ihre Arbeit fortführen und der CMP schnellstmöglich Vorschläge unterbreiten um eine Lücke zwischen der ersten und zweiten Verpflichtungsperiode zu vermeiden.
- Der Antrag Kasachstans, in den Annex B des KP mit einem Emissionsziel von 100% im Vergleich zu 1990 für die Verpflichtungsperiode (2008 bis 2012) aufgenommen zu werden, wird zur Kenntnis genommen. Die CMP7 soll darüber entscheiden.

## 7.4 Ausblick auf COP17/CMP7 in Durban

Zur Vorbereitung auf die Weltklimakonferenz vom 28. November bis 9. Dezember 2011 in Durban fanden bzw. finden drei Konferenzen (in Bangkok im April, Bonn im Juni und Panama City im Oktober) auf Beamtenebene statt (UNFCCC, 2011g). Vorrangiges Ziel dieser Gespräche ist die Umsetzung der Beschlüsse von Cancun und die Klärung der Zukunft des KP, wobei auch andere bisher ungelöste Punkte weiter auf der Agenda stehen. Die Zukunft des KP ist deshalb von essentieller Bedeutung, weil es die Regeln zur Quantifizierung und Überwachung von Emissionsminderungen sowie die marktbasierten Mechanismen beinhaltet. Da sich derzeit keine Partei gegen eine Fortsetzung des KP (unabhängig von der eigenen Teilnahme) ausspricht (UNFCCC, 2011i), muss die Verknüpfung zwischen dem KP und einem Abkommen auf Basis des „Bali Action Plan" geklärt werden. Außerdem muss eine Lösung, im Umgang mit einer Lücke zwischen erster und zweiter KP Verpflichtungsperiode, bis Jahresende gefunden werden (UNFCCC, 2011h). Christiana Figueres, die Generalsekretärin der UNFCCC, kritisierte, dass sich die Delegierten bisher zu sehr darauf konzentrierten, welche Punkte auf der Tagesordnung stehen sollen, als dass sie einzelne Punkte konkrete verhandelt hätten (UNFCCC, 2011i).

Die Verabschiedung eines Klimaabkommens in Durban auf Basis des „Bali Action Plan" ist nicht zu erwarten. Ein Grund dafür sind die derzeitigen politischen Mehrheitsverhältnisse in den USA, die eine Ratifizierung eines solchen Abkommens und die Implementierung der dazu notwendigen nationalen Klimagesetzgebung aktuell scheinbar unmöglich machen.

# 8 EMISSIONSHANDEL POST-KYOTO

## 8.1 UNFCCC

### 8.1.1 Kyoto 2.0

Das Kyoto-Protokoll ist das derzeit einzige internationale Klimaabkommen mit rechtlich bindenden Emissionszielen für dessen Vertragsparteien. Nach Auslaufen der derzeit gültigen, ersten Verpflichtungsperiode von 2008 bis 2012 besteht das Protokoll als solches zwar weiter, ist aber aufgrund der fehlenden Verpflichtungen wirkungslos, sofern keine zweite Verpflichtungsperiode mit neuen Emissionszielen für die Vertragsparteien beschlossen wird. Da ein auf dem „Bali Action Plan" basierendes Abkommen mit verpflichtenden Emissionsbeschränkungen für (zumindest) alle Industriestaaten aktuell außer Reichweite scheint, ist die internationale Gemeinschaft bestrebt das KP in einer zweiten Verpflichtungsperiode fortzuführen. Während sich vor allem die Entwicklungsländer für eine zweite Verpflichtungsperiode, in der sie selbst keine Emissionsverpflichtungen eingehen müssten, stark machen, treten vor allem Japan, Russland und Kanada (aktuell Annex B Staaten des KP) offen gegen eine zweite Verpflichtungsperiode auf (Vidal, 2010a; Vidal, 2010b).

Die EU äußert sich grundsätzlich positiv gegenüber einer zweiten Verpflichtungsperiode, verlangt aber von anderen großen Emittenten, dass diese sich ebenfalls verpflichten (möglicherweise auch zu einem späteren Zeitpunkt) ihre Emissionen zu reduzieren (FEDRE, 2011). Das wichtigste Argument für eine zweite Verpflichtungs-periode ist - laut der EU-Kommissarin für Klimaschutz Connie Hedegaard - die Architektur des KP am Leben zu halten, so dass man nicht wieder wichtige Zeit verliere um völlig neue Strukturen für ein umfassendes Nachfolgeabkommen, an dem alle großen Volkswirtschaften teilnehmen, zu schaffen. Auf das Klima hätte eine zweite Verpflichtungsperiode kaum Auswirkungen, denn die Emissionsziele der EU bis 2020 seien davon völlig unabhängig. Wenn andere Nationen auch in Zukunft nicht gewillt sind ihren Beitrag zum Klimaschutz zu leisten, mache eine Fortführung des KP wenig Sinn, da der europäische Anteil an den globalen Emissionen zu gering sei, so Hedegaard (FEDRE, 2011).

Bevor eine zweite Verpflichtungsperiode des KPs beschlossen werden kann, müssen noch folgende Fragen gelöst werden (UNFCCC, 2011j):

- Welche Voraussetzungen sind erforderlich, um eine zweite Verpflichtungs-periode des Kyoto-Protokolls zu verabschieden?
- Welche dieser Voraussetzungen müssen noch vor Durban erfüllt werden?
- Sollte es eine Obergrenze für LULUCF Gutschrift geben?
- Soll die Übertragung von AAUs von der ersten auf die zweite Periode begrenzt werden?
- Werden neue Gase mit einbezogen?
- Wie lange soll die 2. Verpflichtungsperiode dauern? 5 oder 8 Jahre?
- Soll es zusätzliche Anforderungen bei den flexiblen Mechanismen geben?
- Welchen Sinn hat das Kyoto-Protokoll ohne eine zweite oder dritte Verpflichtungsperiode?

- Was ist die rechtliche Bedeutung des Protokolls in Abwesenheit einer Verpflichtungsperiode?

Trotz all dieser offenen Fragen und der öffentlichen Ablehnung einiger KP-Vertragsstaaten gegenüber einer zweiten Verpflichtungsperiode ist es nicht ausgeschlossen, dass zumindest die EU und einige andere Staaten (Australien, Neuseeland, Schweiz) das KP durch eine zweite Verpflichtungsperiode am Leben erhalten (Reisinger 2011; Plöchl 2011). Diese Lösung wäre zwar nur ein Provisorium als Übergangslösung zu einem neuen Abkommen ohne großen Einfluss auf den Ausstoß von THG Emissionen und Klima, würde aber zumindest das bestehende Regelwerk samt den flexiblen Mechanismen erhalten.

### 8.1.2 **Neues Abkommen**

Einerseits haben sich die UNFCCC Vertragsparteien in Cancun darauf geeinigt die globale Erwärmung auf maximal 2℃ gegenüber dem vorindustriellen Temperaturniveau zu begrenzen, andererseits würden die angekündigten Maßnahmen und Emissionsziele der Vertragsparteien aber eine Erwärmung von 2,9 bis 4,3℃ (Climate Interactive, 2011) bis 2100 verursachen. Da die aktuellen Versprechen (sofern sie überhaupt eingehalten werden) nicht ausreichen um das selbst gesteckte Ziel zu erreichen, müssen die Anstrengungen intensiviert werden. Bereits auf der COP15 in Kopenhagen im Jahr 2009 hätte dem „Bali Action Plan" zufolge ein Abkommen zur Erreichung der gemeinsamen Ziele beschlossen werden sollen doch bis heute ist ein derartiges Abkommen nicht in Sicht.

Bisher konnte man sich auf das „2°-Ziel" und das Prinzip der gemeinsamen aber unterschiedlichen Verantwortung einigen (UNFCCC,

2010b). Das bedeutet, dass Industriestaaten aufgrund ihrer historischen Emissionen auch eine historische Verantwortung für den Klimawandel haben. Aus diesem Grund müssen Industriestaaten ihre Emissionen früher und stärker reduzieren als Entwicklungsländer (Reisinger, 2011). In welcher Form das passieren soll und wie stark sich die einzelnen Staaten beteiligen ist noch völlig ungeklärt.

Bevor inhaltliche Fragen diskutiert werden, muss erst mal Klarheit darüber bestehen, wie ein Abkommen grundsätzlich gestaltet werden soll. Soll ein „top down" oder ein „bottom up" Ansatz verfolgt werden? Soll es ein „starkes" oder „schwaches" Klimaabkommen sein?

Unter „top down" in Bezug auf ein Klimaabkommen versteht man, dass eine absolute gemeinsame Emissionsgrenze festgelegt wird und auf Basis dessen Emissionskontingente an die einzelnen Vertragsparteien zugeteilt werden. Auf einem solchen Ansatz basieren das KP und auch das EU-ETS. Bei einem „bottom up"-Ansatz legt jede Vertragspartei ihre jeweiligen Emissionsziele (selbst) fest. Aus der Summe der einzelnen Emissionsziele bildet sich dann das gemeinschaftliche Gesamtziel. Der „top-down"-Ansatz ist wissenschaftlich fundiert, birgt aber die Gefahr politisch nicht umsetzbar zu sein. Die „bottom-up"-Ansatz ist politisch umsetzbar, birgt aber die Gefahr wissenschaftlich unzureichend zu sein (Purvis & Stevenson, 2010).

Unter einem „starken" Abkommen versteht man im Allgemeinen ein völkerrechtlich bindendes Abkommen mit Verpflichtungen, deren Einhaltung international überprüft wird. Im Falle einer Nichteinhaltung der Verpflichtungen drohen völkerrechtliche Konsequenzen. Im Gegensatz dazu wird die Einhaltung von so genannten „schwachen" Abkommen meist nur politisch überprüft. Eine Nichteinhaltung der Verpflichtungen hat keine rechtlichen, vielleicht aber politische Konsequenzen (Purvis & Stevenson, 2010).

Purvis und Stevenson (2010) beschreiben die Verhandlungspositionen der einzelnen Staaten wie folgt (siehe auch Abb. 15):

China, Indien und Südafrika sind unter keinen Umständen bereit sich einem „starken“ Abkommen zu unterwerfen bzw. ihre eigenen Klimaschutzmaßnahmen international zu verhandeln. Außerdem scheint diese Gruppe nicht besonders darum bemüht, die eigenen Emissionen in Einklang mit einer globalen Emissionsreduktion von 50%, bis zum Jahr 2050, zu bringen.

Brasilien steht einem „starken“ Regime tendenziell kritisch gegenüber ist aber durchaus bereit die eigenen Emissionsminderungsziele in Einklang mit 50%igen Emissionsreduktion bis 2050 auf globaler Ebene zu bringen.

Korea, Mexiko und Indonesien sind bereit sich Maßnahmen zur internationalen Messung, Berichterstattung und Verifizierung zu unterwerfen. Die Ziele dieser Länder sind ambitionierter als jene anderer großer Volkswirtschaften, aber sie sind nicht bereit ihre Ziele international zu verhandeln.

Die Europäische Union tritt für ein „starkes“ Abkommen ein und ist bereit die eigenen Emissionsziele auf der Grundlage der internationalen Verhandlungen zu verschärfen.

USA, Kanada und Russland sind bereit ein „starkes“ Regime zu akzeptieren, aber nur, wenn alle anderen großen Volkswirtschaften dadurch gebunden sind. Die Emissionsziele dieser Länder für 2020 sind relativ ambitionslos, auch sind sie nicht bereit international darüber zu verhandeln, jedoch sind sie bereit, ein globales Ziel von 50%

Emissionsreduktionen zu akzeptieren und bis 2050 den Klimaschutz in den eigenen Volkswirtschaften zu intensivieren.
Japan und Australien sind bereit ein „starkes“ Abkommen zu akzeptieren, aber nur, wenn alle anderen großen Volkswirtschaften das genauso tun. Beide Staaten sind bereit die eigenen Emissionsziele für das Jahr 2020, basierend auf den internationalen Verhandlungen, zu verschärfen.
Kleine Insel Staaten und LDCs befürworten ein „starkes“ Regime. Nach außen hin sind sie nicht dazu bereit auch selbst Emissionsverpflichtungen einzugehen, besonders weil das auch nicht von ihnen erwartet wird. Aber ihre Sorge über die Auswirkungen des Klimawandels könnte sie durchaus dazu veranlassen, selbst Verpflichtungen einzugehen um ein globales Abkommen zu ermöglichen.

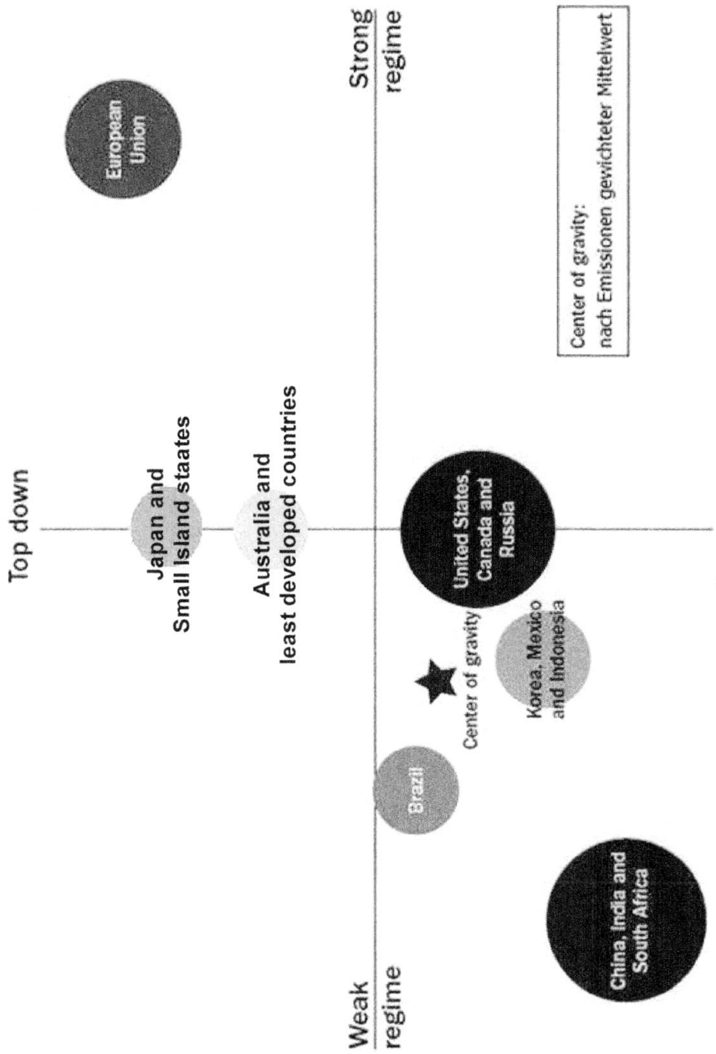


Abb. 15: Nationale Verhandlungspositionen in Bezug auf ein neues Klimaabkommen (nach Purvis & Stevenson, 2010)

Die beiden größten Emittenten, USA und China, nehmen eine Schlüsselrolle in den Verhandlungen um ein globales Nachfolgeabkommen zum KP ein. Die USA sind nur dann bereit sich zu verpflichten, wenn auch China, der unmittelbare Konkurrent um die globale wirtschaftliche Vormachtstellung, Verpflichtungen eingeht. China lehnt es aber grundsätzlich ab, sich selbst der Kontrolle der internationalen Gemeinschaft zu unterwerfen (Kohlbach, 2011) und wird deshalb auch nicht einem völkerrechtlich verbindlichen Regelwerk zustimmen. Eine neue Chance für ein globales Klimaabkommen könnte sich ab 2013 ergeben, wenn auf der einen Seite Obama in den USA wiedergewählt wird und dadurch in einer zweiten Amtsperiode keine Rücksicht mehr auf eine erneute Wiederwahl nehmen muss und auf der anderen Seite ein Führungswechsel in China stattfindet (Gassner, 2011).

### 8.1.3 **Regulatory Gap**

Als „Regulatory Gap" versteht man eine zeitliche Lücke im Regelwerk. So ein „Regulatory Gap" würde also dann entstehen, wenn die erste Verpflichtungsperiode des KP wie geplant mit Ende 2012 ausläuft und nicht unmittelbar nachher eine zweite Verpflichtungsperiode startet bzw. ein anderes Abkommen stattdessen in Kraft tritt. Obwohl die AWG-KP im Abschlussdokument der CMP16 in Cancun damit beauftragt wurde einen „Regulatory Gap" zu verhindern, ist laut Meinung von Experten eine Lücke im Regelwerk praktisch unvermeidbar (Diernhofer, 2011; Plöchl, 2011). Denn die Ratifizierung von völkerrechtlichen Verträgen nimmt in der Regel zwei bis drei Jahre in Anspruch (Kohlbach, 2011). Somit käme eine Entscheidung auf der diesjährigen Weltklimakonferenz in Durban bereits zu spät.

Tim Groser, Neuseeländischer Handelsminister, warnte erst kürzlich davor, die Folgen eines „Regulatory Gaps" in Bezug auf den Klimaschutz über zu bewerten, da sich an den Emissionszielen der einzelnen Staaten nichts ändern würde (FEDRE, 2011). Auch europäische Entwickler von Klimaschutzprojekten erwarten keine nennenswerten Änderungen im Vergleich zum Status quo. Da der Markt für solche Projekte bereits jetzt, bedingt durch die ab 2013 geltenden Regelungen im EU-ETS (s.o.), dessen Verpflichtete ja Hauptabnehmer für Zertifikate aus diesen Projekten sind, beinahe zum Erliegen gekommen ist (Gassner, 2011; Reisinger, 2011; Plöchl, 2011).

### 8.1.4 **Flexible Mechanismen**

Bei der CMP6 in Cancun beschlossen die KP Vertragsparteien die flexiblen Mechanismen des KP auch in einer zweiten Verpflichtungsperiode weiter zu verwenden um die Staaten mit verbindlichen Emissionszielen bei der Zielerreichung zu unterstützen. Ob die Mechanismen in ihrer jetzigen Form übernommen werden oder ob es zu Änderungen kommen wird muss noch ausverhandelt werden (UNFCCC, 2010c).

- **Internationaler Emissionshandel**

Das Instrument des internationalen Emissionshandels wird auch im Falle eines „Regulatory Gaps" noch bis Anfang 2015 weiter bestehen. Denn dann ist der letztmögliche Termin zur Abgabe von Zertifikaten (AAUs, CERs und ERUs), entsprechend der jeweiligen Emissionen, für die Annex B Staaten des KP. Sollte nicht in der Zwischenzeit eine Verlängerung der ersten Verpflichtungsperiode bzw. eine zweite

Verpflichtungsperiode beschlossen werden, ist bis 2015 mit einem Preisverfall von AAUs zu rechnen (Kohlbach, 2011).

- **Joint Implementation**

Ob JI Projekte auch nach 2012 bis zur letztmöglichen Abgabefrist 2015 noch ERUs generieren können ist derzeit noch ungeklärt. Diesem Thema wurde bei CMP6 in Cancun viel Aufmerksamkeit zuteil, jedoch konnte eine Einigung bisher noch nicht erzielt werden. Die EU, Japan und Norwegen sprechen sich gegen diese Möglichkeit aus. Befürworter dieser Idee sind Russland und die Ukraine (JIAG, 2010).

Über die Parteien hinweg war man sich einig, dass die grundlegende Gestaltung von JI in der Zukunft, in Bezug auf Track 1 und Track 2, nicht verändert werden soll (JIAG, 2010).

ERUs, die während der ersten Verpflichtungsperiode generiert wurden, sind grundsätzlich noch bis zum endgültigen Abgabedatum 2015 handelbar. Nach diesem Datum sind nicht eingelöste ERUs aus der ersten Verpflichtungsperiode nicht mehr gültig. Die Annex B Staaten können aber überzählige ERUs der ersten Verpflichtungsperiode, im Umfang von bis zu 2,5% der ihnen ursprünglich zugeteilten AAUs, in ERUs, die auch in einer eventuellen zweiten Verpflichtungsperiode gültig wären, konvertieren (UNFCCC, 2011k).

Auch wenn JI grundsätzlich nicht an die erste Verpflichtungsperiode im KP gebunden ist (UNFCCC, 2011k), wird JI ohne eine zweite Verpflichtungsperiode inklusive den dazugehörigen Emissionszielen für die Vertragsparteien in Zukunft nicht mehr funktionsfähig sein. Denn JI sieht vor, dass AAUs in ERUs konvertiert werden. Ohne neue Verpflichtungsperiode wird es zukünftig auch keine dazugehörigen AAUs mehr geben.

- **Clean Development Mechanism**

Genauso wie JI ist auch CDM grundsätzlich unabhängig von den jeweiligen Verpflichtungsperioden im KP (UNFCCC, 2011l). Da CDM im Gegensatz zu JI neue Zertifikate generiert und nicht auf der Umwandlung von bereits existierenden AAUs basiert, funktioniert CDM auch ohne eine eventuelle zweite Verpflichtungsperiode.

Für Annex B Staaten des KP gelten hinsichtlich des Handels mit CERs, die während der ersten Verpflichtungsperiode generiert wurden, dieselben Regeln wie für den Handel mit ERUs (s.o.). Diese Regeln finden jedoch für private Marktteilnehmer keine Anwendung. Diese unterliegen den Regelungen der jeweiligen nationalen bzw. regionalen Emissionshandelssysteme (UNFCCC, 2011l). Da ein Großteil der privaten CER Käufer den Bestimmungen des EU-ETS unterliegen (UNFCCC, 2011l) werden die ab 2013 gültigen Regelungen zur Anrechenbarkeit von CERs im EU-ETS (s.o.) den CDM Markt teilweise verändern.

### 8.1.5 Neue Mechanismen

- **REDD+**

Entwaldung und Schädigung der Wälder durch Expansion der Landwirtschaft, die Umstellung auf Weideland, die Entwicklung von Infrastruktur, Raubbau, Brandrodung etc., sind für fast 20% der weltweiten Treibhausgas-Emissionen verantwortlich. Damit übersteigen die Emissionen aus der Entwaldung sogar jene, die durch den gesamten globalen Verkehrssektor verursacht werden. Lediglich der Energiesektor ist für einen noch größeren Anteil der globalen Emissionen verantwortlich als die Entwaldung. Um das „2°-Ziel“ ziel zu erreichen ist es unerlässlich neben anderen Klimaschutzmaßnahmen auch die Emissionen aus der Entwaldung zu reduzieren (UN-REDD Programme, 2009).

REDD+ ist ein Versuch, Entwicklungsländern finanzielle Anreize zu bieten um die Emissionen aus Entwaldung einzudämmen und in eine emissionsarme und nachhaltige Waldbewirtschaftung zu investieren. Entwicklungsländer sollen also für die Erhaltung der Wälder finanziell entschädigt werden. Die Höhe der Finanztransfers und die Ziele werden mit jedem teilnehmenden Land, je nach den lokalen Gegebenheiten, einzeln ausverhandelt. Jedes teilnehmende Land muss in der Lage sein, die Erreichung der vereinbarten Ziele nachzuweisen. Schätzungen gehen davon aus, dass jährlich bis zu 30 Mrd. USD für die Finanzierung von REDD+ notwendig sein werden. Wer die benötigten Finanzen bereitstellen soll sowie weitere zahlreiche Details zu REDD+ sind noch im Rahmen der AWG-LCA zu verhandeln (UN-REDD Programme, 2009; BMZ, 2011).

- **Technologie Mechanismus**

Der Technologie Mechanismus wurde auf der COP16 in Cancun ins Leben gerufen (s.o.). Der Technologie Mechanismus soll den Transfer und die Anwendung von Technologien zur Abschwächung des Klimawandels und Anpassung an den Klimawandel fördern. Der Mechanismus besteht aus: TEC (Technology Executive Committee) und CTCN (Climate Technology Centre and Network) (s.o.). Die AWG-LCA soll bis zur COP17 folgende noch offenen Punkte klären, sodass der Mechanismus bis 2012 voll funktionsfähig ist (UNFCCC, 2011m):

- Die Beziehung zwischen TEC und CTCN sowie deren Berichterstattung

- Führungsstruktur und Aufgabenbereich des CTCN
- Das Ausschreibungsverfahren und die Kriterien zur Bewertung und Auswahl der Gastgeber des CTCN
- Mögliche Verbindung zwischen dem Technologie Mechanismus und dem Finanz Mechanismus
- Eventuelle zusätzliche Funktionen von TEC und CTCN

Das TEC soll der politische Arm des Technologie Mechanismus sein, den allgemeinen Rahmen vorgeben und das CTCN mit seinem Wissen über globale Technologiebedürfnisse führen. Das CTCN soll der operative Arm des Mechanismus sein und Entwicklungsländer auf deren Ersuchen hin unterstützen, Methoden und Werkzeuge für das jeweilige Land zu entwickeln. Das CTCN soll auch den Transfer der in den Entwicklungsländern benötigten Technologien vorantreiben. Das Netzwerk, welches das CTC aufbaut, wird aus bereits bestehenden Technologie-Zentren, Netzwerken, Initiativen und Organisationen bestehen. Dieses Netzwerk wird einen Großteil der Technologien für Entwicklungsländer bereitstellen. Die Hauptaufgabe des CTC wird es sein, die Technologiebedürfnisse der Entwicklungsländer mit dem Know-how des Netzwerks in Einklang zu bringen. Der Großteil des operativen Technologietransfers soll vom Technologie Netzwerk übernommen werden (UNFCCC, 2010d).

- **Sectoral Crediting**

Die EU setzt sich für die Schaffung eines so genannten „sectoral crediting mechanism“ (SCM) auf Ebene der UNFCCC ein (KOM, 2010f), der den bestehenden CDM ablösen soll.

Im Rahmen eines SCM werden durch die Reduzierung der THG-Emissionen unter ein definiertes Niveau (Baseline), für eine ganze Branche, Zertifikate gutgeschrieben. Zertifikate werden für die Differenz zwischen tatsächlichen Emissionen in der Branche und einer definierten Baseline ausgestellt. Diese Zertifikate können von Industrieländern genutzt werden, um ihren Verpflichtungen zur Emissionsreduktion nachzukommen und hätten daher einen Wert am globalen Emissionsmarkt. Daher setzt der Mechanismus einen Anreiz, um die THG-Emissionen in einem Sektor unter ein definiertes Niveau zu senken. Der Mechanismus ist nicht bindend. Wenn die tatsächlichen Emissionen nicht unter die Baseline reduziert werden, zieht das keine Sanktionen nach sich. In den internationalen Verhandlungen werden derzeit die Optionen „sectoral CDM" und „sectoral no-lose targets" diskutiert. Von „sectoral CDM" wird im Allgemeinen gesprochen, wenn die Baseline auf dem Niveau der „business-as-usual" (BAU) Emissionen liegt. Bei „sectoral no-lose targets" wird die Baseline meist unterhalb der BAU Emissionen angesetzt (Schneider & Cames, 2009).

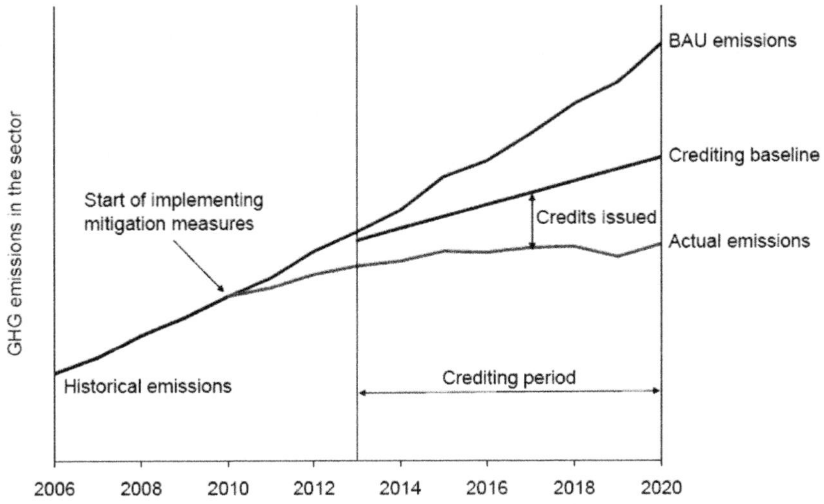


Abb. 16: Veranschaulichung eines SCM (Schneider & Cames, 2009)

In Abbildung 16 wird die Funktionsweise eines SCM dargestellt. Die rote Line entspricht dem BAU Emissionspfad. Durch den Anreiz eines SCM werden die tatsächlichen Emissionen (grüne Linie), in einem Sektor, durch Richtlinien und Programme einer Regierung unter das BAU Niveau reduziert. Während eines definierten Anrechnungszeitraums werden die Emissionsreduktionen gegenüber der SCM Baseline (blaue Linie in der Mitte) gutgeschrieben und somit Zertifikate generiert (Schneider & Cames, 2009).

## 8.2 EU-ETS

### 8.2.1 **Emission Cap**

Auf Grundlage der derzeitigen 20-20-20 Ziele (bis 2020: 20% weniger THG Emissionen als 2005; 20% Anteil an erneuerbaren Energien; 20% mehr Energieeffizienz) (Europäisches Parlament, 2008) der EU wurde der Emission-Cap für das EU-ETS im Jahr 2020 auf -21% (im Vergleich zu 2005) festgelegt (s.o.). Im März 2011 legte die Europäische Kommission einen Fahrplan zur Schaffung eines wettbewerbsfähigen $CO_2$-armen Europa bis 2050 vor. Der Fahrplan beschreibt den kostengünstigsten Weg das EU-Ziel, eine Reduktion der THG Emissionen bis 2050 um mindestens 80% (gegenüber 1990), zu realisieren. Eine diesem Fahrplan zugrunde liegende Analyse zeigt, dass bis 2020 eine Reduktion um 25% (statt dem derzeitigen Ziel von 20%) erforderlich ist um das Ziel für 2050 zu erreichen. Der Fahrplan unterstreicht, dass eine Reduktion um 25% bis 2020 erreicht werden kann, wenn die bereits beschlossene Verbesserung der Energieeffizienz um 20% realisiert wird. Um das Ziel zu erreichen müssten auch Teile der Zertifikatsmengen, welche ab 2013 zur Versteigerung, durch die einzelnen Mitgliedsstaaten, vorgesehen sind (s.o.), stillgelegt werden. Nicht betroffen von einer solchen Stilllegung wären EUAs, welche sich bereits im Besitz von Unternehmen befinden. Ohne eine Stilllegung eines Teils der Zertifikate wäre ein Preisverfall von EUAs durch die geringe Nachfrage im EU-ETS zu erwarten, was sich wiederum negativ auf die Emissionsreduktion auswirken würde, da sich der Anreiz zur Senkung der THG Emissionen reduziert (KOM, 2011d).

In welchem Umfang EUAs stillgelegt werden und ob es überhaupt dazu kommt ist derzeit noch offen, da einige Länder, allen voran Polen, und die europäische Industrie massiven Wiederstand leisten (Kohlbach, 2011; Reisinger 2011).

Davon unberührt bleibt das Angebot der EU, für internationale Verhandlungen auf Ebene der UNFCCC, sich bei einem internationalen Klimaschutzabkommen, unter bestimmten Bedingungen (s.o.), für 2020 ein Reduktionsziel von 30% zu setzen. Derzeit ist ein solches

Abkommen zwar nicht in Sicht, sollte es aber wider Erwarten in naher Zukunft doch zu einem Abkommen und somit zu einer Verschärfung des EU Emissionsziels bis 2020 kommen, hätte dies auch Auswirkungen auf das EU-ETS. Eine Analyse der Europäischen Kommission ergibt, dass die kosteneffizienteste Aufteilung der THG-Reduktion innerhalb und außerhalb des EU-ETS, bei einem Reduktionsziel von 30%, innerhalb des EU-ETS bei minus 34% (statt bisher minus 21%) und außerhalb des EU-ETS bei minus 16% (statt bisher minus 10%), jeweils im Vergleich zu 2005, läge (KOM, 2010e). Ob es im gesetzten Fall wirklich zu dieser Aufteilung zwischen dem EU-ETS und dem Non-EU-ETS Sektor kommen würde, bleibt abzuwarten, da die europäische Industrie eine derartige Verschärfung kaum akzeptieren würde (Kohlbach, 2011; Reisinger 2011).

Eine Reduktion des Emission-Caps hätte aufgrund der Angebotsverknappung natürlich eine preissteigernde Wirkung. Point Carbon (2011c) erwartet in der dritten Handelsperiode für das 20% Szenario einen EUA-Durchschnittspreis von 10€-15€. Für das 25% Szenario wird ein EUA-Durchschnittspreis von 22€ und für das 30% Szenario ein Durchschnittspreis von 22€-40€ vorausgesagt.

### 8.2.2 **Offsetting**

- **JI und EU internes Offsetting**

Ab 2013 sind für Verpflichtete im EU-ETS nur ERUs aus JI-Projekten, die bis 2012 registriert wurden, verwendbar (s.o.). Ob diese JI Projekte auch noch nach 2012, bis zum letztmöglichen Abgabetermin von Kyoto Zertifikaten 2015, ERUs generieren können, muss durch die CMP noch geklärt werden (s.o.).

JI-Projekte, innerhalb der EU, könnten auch nach 2012 Zertifikate generieren, die im EU-ETS zur Pflichterfüllung anerkannt werden. Nämlich dann, wenn von der Kommission ein entsprechender Mechanismus geschaffen wird (KfW Bankengruppe, 2011). Denn laut Artikel 24a Emissionshandelsrichtline „ … *können Durchführungsmaßnahmen für die Vergabe von Zertifikaten oder Gutschriften in Bezug auf Projekte erlassen werden, die von Mitgliedstaaten verwaltet werden und Minderungen von Treibhausgasemissionen bewirken, die nicht vom Gemeinschaftssystem erfasst werden“* und „ … *Durchführungsmaßnahmen erlassen werden, die die Vergabe von Gutschriften für Projekte auf Gemeinschaftsebene (…) regeln“* (Emissionshandelsrichtline, 2009). Dieser neue Offset Mechanismus könnte dann auch von Verpflichteten im EU-ETS und Mitgliedsstaaten der Union genützt werden, um ihre jeweiligen Emissionsziele zu erreichen.

- **CDM**

Auch im Bereich CDM ergeben sich in der dritten Handelsperiode des EU-ETS einige Änderungen. CERs aus vor 2013 registrierten Projekten, die nach 2013 generiert werden, dürfen weiterhin genutzt werden. CERs aus Projekten, die ab 2013 registriert und umgesetzt werden, können nur genutzt werden, wenn die Projekte in LDC stattfinden (s.o.) (Emissionshandelsrichtlinie, 2009).

Da die EU der größte Abnehmer von CERs ist, sind durch diese Bestimmungen, Auswirkungen auf den CDM Markt zu erwarten. Aufgrund der sinkenden Nachfrage nach CERs aus neuen CDM Projekten in Ländern, die nicht zu der Gruppe der LDC zählen, ist ein Rückgang der Projekttätigkeit in diesen Ländern zu erwarten. Im Gegenzug ist aber in den LDCs nicht mit einer massiven Zunahme von

CDM Projekten zu rechnen, weil in vielen dieser Länder die nötige Infrastruktur und die Rahmenbedingungen nicht vorhanden sind (Plöchl, 2011; Reisinger, 2011). Der Anreiz neue Projekte in LDCs zu entwickeln ist unter den gegenwärtigen Bedingungen sehr gering, da bis 2020 ein Überangebot an CERs erwartet wird (CDC climate research, 2011). Dies könnte sich aber dann ändern, wenn China ab 2015 möglicherweise keine CERs mehr nach Europa verkauft, sondern diese zur Erfüllung der selbst gesteckten Emissionsziele verwendet (Caar, 2011). Aktuell stammen 54% aller CERs aus China (CDC climate research, 2011).

### 8.2.3 **Einbeziehung Luftfahrt ins EU-ETS**

Ab 01.01.2012 werden Flüge, die in der EU starten und/oder landen (mit einigen Ausnahmen) ins EU-ETS eingebunden (s.o.). Im Jahr 2012 bekommen Fluglinien 0,6797 EUAAs pro 1000 Tonnenkilometer, und zwischen 2013 und 2020 0,6422 EUAAs pro 1000 Tonnenkilometer auf Basis der 2010 zurückgelegten Tonnenkilometer kostenlos zugeteilt. Das entspricht 85% bzw. 82% der Gesamtmenge an EUAAs, welche wiederum auf den durchschnittlichen Emissionen der Jahre 2004 bis 2006 basiert (KOM, 2011h). Die Gesamtmenge der Luftfahrt Zertifikate (Cap) wird im Jahr 2012 bei 97% der durchschnittlichen Emissionen des Bezugszeitraums liegen. Eine weitere Absenkung auf 95 % wird für den Zeitraum von 2013 bis 2020 erfolgen (Deutsche Bank, 2011).

Einige Fluglinien aus den USA haben beim EuGH Klage gegen das Einbeziehen des Luftverkehrs ins EU-ETS eingebracht. Ihrer Ansicht nach verletzt dies internationales Recht wie z.B. das Chicagoer Abkommen, das festlegt, dass jeder Staat in seinem Luftraum die volle und alleinige Lufthoheit besitzt. Nach derzeitiger Regelung müssen US-amerikanische Fluglinien für alle Flüge in die EU oder aus der EU

Zertifikate für die Emissionen auf der gesamten Flugstrecke vorlegen. Auch für jene Emissionen außerhalb des europäischen Luftraums (Deutsche Bank, 2011). Ein erstes Urteil in dieser Frage steht noch aus und wird bis Ende 2011 erwartet (Kohlbach, 2011). Das dieses Thema auch politisch sehr ernst genommen wird sieht man an der Tatsache, dass im Juli 2011 mit dem „European Union Emissions Trading Scheme Prohibition Act of 2011" ein Gesetzesvorschlag im US Kongress eingebracht wurde, der es US-amerikanischen Fluglinien verbieten soll am EU-ETS teilzunehmen (OpenCongress, 2011).

China hat wegen der Einbeziehung chinesischer Fluggesellschaften ins EU-ETS mit Sanktionen gedroht und als erste Reaktion einen Großauftrag von Hongkong Air an Airbus blockiert. China fühlt sich aufgrund des Bezugszeitraums für die kostenlose Zuteilung besonders benachteiligt, da chinesische Fluglinien erst in den vergangenen Jahren stark gewachsen sind und daher besonders belastet wären. Die EU ist um eine diplomatische Lösung des Konflikts bemüht (Alich et al., 2011).

Die massive Intervention durch die USA und China lässt sich durch die Einstellung dieser beiden Staaten zum internationalen Recht erklären. Beide Länder verstehen diesen unilateralen Vorstoß der EU als Eingriff in ihre Souveränität. Das ist für beide Staaten inakzeptabel. Ein Ausweg aus diesem Konflikt könnte sein, außereuropäische Fluggesellschaften aus dem System zu nehmen, sofern sich die jeweiligen Staaten zu vergleichbaren Maßnahmen durchringen können. Etwa einen Klimaschutzfond, der durch eine $CO_2$-Abgabe für Flugtickets gespeist wird (Kohlbach, 2011).

### 8.2.4 **Verknüpfung mit anderen Emissionshandelssystemen**

Ziel der EU ist es das EU-ETS mit weiteren nationalen und regionalen „Cap and Trade" Systemen zu verknüpfen um einen größeren Markt zu schaffen und so die Gesamtkosten für die Emissionsreduktion zu senken. Die Europäische Kommission erwartet die Schaffung eines OECD-weiten Emissionsmarktes bis 2015. Ab 2020 soll dieser Markt auch mit Emissionshandelssystemen in wirtschaftlich starken Entwicklungsländern verknüpft werden (KOM, 2010f).

Das EU-ETS ist bereits mit den Emissionshandelssystemen von Norwegen, Island und Liechtenstein verknüpft (s.o.). Derzeit laufen Gespräche über eine Verknüpfung des EU-ETS mit dem CH-ETS (s.o.) und dem australischen Emissionshandelssystem (s.o.), das ab Mitte 2015 geplant ist (PointCarbon, 2011d; PointCarbon, 2011e). Das CH-ETS konnte bereits ab 2013 mit dem EU-ETS verbunden werden (PointCarbon, 2011d).

Generell ist ein globaler Emissionshandelsmarkt, wie er von der Europäischen Kommission gewünscht wird, kurz- bis mittelfristig nicht absehbar. Einerseits, weil es bisher auf globaler Ebene noch relativ wenige Emissionshandelssysteme gibt und andererseits, weil sich die bestehenden Emissionshandelssysteme (s.o.) teilweise stark in ihrer Gestaltung unterscheiden. Werden zwei oder mehr EHS verknüpft, die sich in ihrem Design stark unterscheiden ist eine Wettbewerbsverzerrung nicht auszuschließen (Kohlbach, 2011; Reisinger, 2011; Gassner, 2011).

# 9 RESÜMEE

Um die Folgen der globalen Erwärmung einigermaßen beherrschen zu können, hat sich die internationale Gemeinschaft, im Rahmen der UNFCCC, darauf geeinigt, die globale Erwärmung auf maximal 2 Grad (gegenüber dem vorindustriellen Temperaturniveau) zu begrenzen. Dieses Ziel könnte evtl., auf Basis noch ausstehender wissenschaftlicher Erkenntnisse, auf 1,5 Grad korrigiert werden.

Derzeit befinden sich bereits über 370 ppm $CO_2$ in der Atmosphäre. Um das 2 Grad Ziel mit 50%iger Wahrscheinlichkeit zu erreichen, müsste die $CO_2$ Konzentration in der Atmosphäre bei 450 ppm stabilisiert werden. Diese Stabilisierung kann nur dann gelingen, wenn die globalen THG Emissionen bis 2050 um 90% (im Vergleich zu 2005) reduziert werden. Diese Reduktion der THG Emissionen müsste noch wesentlich schneller geschehen um ein eventuelles 1,5 Grad Ziel zu erreichen. Eine rasche und entschlossene Reduktion der globalen Emissionen ist aus diesem Grund unerlässlich.

Ende 2012 läuft die erste Verpflichtungsperiode des KP aus. Das KP ist bisher das einzige internationale Abkommen, das einzelnen Staaten verbindliche Emissionsziele vorgibt. Ob es eine zweite Verpflichtungsperiode im Rahmen des KP und somit neue Emissionsziele geben wird, ist derzeit noch ungewiss. Da die globalen Emissionen trotz der Emissionsreduktion in den Industriestaaten (mit Ausnahme der USA) weiter rasant ansteigen, wird bereits seit dem Jahr 2007 an einem Klimaschutzabkommen, das alle großen THG Emittenten mit einbezieht, gearbeitet. Diese Verhandlungen blieben bisher ergebnislos. Aufgrund unterschiedlicher Verhandlungspositionen ist ein verbindliches Klimaschutzabkommen mit wissenschaftlich basierten

Emissionszielen für alle großen Emittenten kurzfristig nicht zu erwarten. Eine neue Chance für ein globales Klimaabkommen könnte sich ab 2013 ergeben, wenn auf der einen Seite Obama in den USA wiedergewählt wird und in einer zweiten Amtsperiode keine Rücksicht mehr auf eine erneute Wiederwahl nehmen muss, und auf der anderen Seite ein Führungswechsel in China stattfindet.

Unabhängig vom Ausgang der nächsten Weltklimakonferenz in Durban wird es zu einer Lücke im internationalen Reglement (einem so genannten „Regulatory Gap") kommen, da weder eine zweite Verpflichtungsperiode im KP noch ein neues Klimaschutzabkommen rechtzeitig ratifiziert werden können. Wie sich dieser Regulatory Gap auf die projektbasierten Mechanismen des KP auswirken wird ist teilweise noch durch Beschlüsse der CMP zu klären. Der internationale Emissionshandel wird jedenfalls noch bis Mitte 2015 weiter gehen, da erst zu diesem Zeitpunkt die Annex B Staaten des KP ihre Zertifikate, entsprechend ihren Emissionen während der ersten Verpflichtungsperiode, einreichen müssen. Auf das Fortschreiten der Globalen Erwärmung hat ein Regulatory Gap praktisch keine Auswirkungen, denn die selbst gesteckten Klimaschutzziele der jeweiligen Staaten ändern sich dadurch nicht.

So wird beispielsweise die EU an den bereits fixierten Klimaschutzzielen bis 2020 festhalten und diese durch eine gezielte Steigerung der Energieeffizienz evtl. sogar übertreffen. Diese geplante Effizienzsteigerung hat möglicherweise auch Auswirkungen auf das EU-ETS, denn die Gesamtmenge der ab 2013 auktionierten EUAs könnte gegenüber den ursprünglichen Plänen verringert werden um das Angebot im Gleichgewicht mit der Nachfrage zu halten. Bereits ab Anfang 2012 könnte die Gruppe der potentiellen Nachfrager nach EUAs um die Luftfahrtbranche erweitert werden. Ob es auch tatsächlich zur Umsetzung dieser bereits lange beschlossenen Maßnahme kommt, wird sich in den nächsten Monaten zeigen. Denn von Seiten der USA und Chinas wird massiv gegen die Verpflichtung von US-amerikanischen bzw. chinesischen Fluggesellschaften im EU-ETS interveniert. Darüber hinaus ist auch eine Klage beim EuGH in dieser Sache anhängig.

Unabhängig von der Einbindung der Luftfahrt werden ab 2013 im EU-ETS einige KP basierte Emissionszertifikate nicht mehr zur Pflichterfüllung herangezogen werden können. So sind ab 2013 nur mehr CERs verwendbar, die aus CDM Projekten stammen, die bis 2012 registriert wurden oder in LDCs durch geführt werden. Da die größte Nachfrage nach CERs aus der EU kommt und ein Großteil dieser Zertifikate in China, Indien und Brasilien (welche nicht zu den LDCs zählen) generiert werden, wird sich der CDM Markt in Richtung der LDCs verlagern. Insgesamt werden in Zukunft weniger CDM Projekte entwickelt werden, da davon auszugehen ist, dass bis 2020 im EU-ETS ausreichend Zertifikate im Umlauf sein werden.

Das EU-ETS könnte bereits ab 2013 mit dem CH-ETS verbunden werden. Die Verhandlungen dazu befinden sich bereits in der Endphase. Gleichzeitig wurden auch Gespräche über eine Verknüpfung mit dem ab 2015 geplanten australischen System aufgenommen. Wann und ob es tatsächlich zu einer Verknüpfung dieser Systeme kommt bleibt abzuwarten. Verknüpfungsmöglichkeiten mit weiteren Emissionshandelssystemen sind derzeit nicht in Sicht.

# LITERATURVERZEICHNIS

ACCC - Austrian Council on Climate Change (Hrsg.) (2008): Flexible Mechanismen, http://www.accc.gv.at/flex.htm, abgerufen am 26.06.2011 um 16:00 Uhr

Alich, H.; Sieren, F. & Ludwig, T. (2011): China verhindert Kauf von Airbus-Flugzeugen, http://www.handelsblatt.com/unternehmen/industrie/china-verhindert-kauf-von-airbus-flugzeugen/4319038.html, abgerufen am 28.09.2011 um 10:00 Uhr

APA – Austria Presse Agentur (Hrsg.) (2011): EU-Kommission will Klimaschutzziel ausweiten, http://diepresse.com/home/panorama/klimawandel/638867/EUKommission-will-Klimaschutzziel-ausweiten, abgerufen am 20.08.2011 um 10:00 Uhr

BAFU - Bundesamt für Umwelt (Hrsg.) (2008): Emissionshandel in der Schweiz, http://www.bafu.admin.ch/emissionshandel/05538/05540/index.html?lang=de, abgerufen am 27.07.2011 um 11:00 Uhr

BAFU - Bundesamt für Umwelt (Hrsg.) (2010): Das Schweizer Emissionshandelssystem – Chancen und Pflichten, http://www.bafu.admin.ch/emissionshandel/06800/index.html?lang=de, abgerufen am 27.07.2011 um 11:00 Uhr

Bauchmüller, M. (2010): Beginn einer neuen Ära, http://www.sueddeutsche.de/politik/weltklimakonferenz-in-cancnklimagipfel-erzielt-einigung-1.1035040, abgerufen am 15.09.2011 um 22:00 Uhr

BlueNext (Hrsg.) (2011): Downloads, http://www.bluenext.eu/statistics/downloads.php, abgerufen am 27.08.2011 um 09:00 Uhr

BMU - Bundesministerium für Umwelt, Naturschutz und Reaktorsicherheit (Hrsg.) (2009): Bewertung der Kopenhagen-Vereinbarung, http://www.bmu.de/klimaschutz/internationale_klimapolitik/15_klimakonferenz/doc/45429.php, abgerufen am 15.09.2011 um 10:00 Uhr

BMU - Bundesministerium für Umwelt, Naturschutz und Reaktorsicherheit (Hrsg.) (2010): Investitionen für den Klimaschutz, Die projektbasierten Mechanismen CDM und JI, http://www.wupperinst.org/uploads/tx_wibeitrag/BMU_Broschuere_JI-CDM.pdf, abgerufen am 27.06.2011 um 19:00 Uhr

BMZ – Bundesministerium für wirtschaftliche Zusammenarbeit und Entwicklung (Hrsg.) (2011): REDD: Einfach erklärt, http://www.bmz.de/de/presse/videos/20110321_redd/index.html, abgerufen am 23.09.2011 um 17:00 Uhr

Bolzen, S. & Schäder, K. (2009): Merkel dämpft Erwartungen für Kopenhagen-Gipfel, http://www.welt.de/politik/ausland/article5031133/Merkel-daempft-Erwartungen-fuer-Kopenhagen-Gipfel.html, abgerufen am 15.09.2011 um 10:00 Uhr

Brewer, J. (2010): Governor's Policy on Climate Change, http://www.azclimatechange.gov/download/eo-2010-06.pdf, abgerufen am 06.08.2011 um 21:00 Uhr

Caar, M. (2011): China Might Stop UN CO2 Credit Supply in 2015, Barclays Says, http://www.bloomberg.com/news/2011-08-25/china-may-withdraw-from-un-co2-program-in-2015-barclays-says.html, abgerufen am 28.09.2011 um 15:00 Uhr

CCX – Chicago Climate Exchange (Hrsg.) (2010): Members of CCX, http://prod2.chicagoclimatex.com/content.jsf?id=64, abgerufen am 06.08.2011 um 20:00 Uhr

CCX – Chicago Climate Exchange (Hrsg.) (2011): Market Data, http://prod2.chicagoclimatex.com/market/data/summary.jsf, abgerufen am 06.08.2011 um 20:00 Uhr

CDC climate research (Hrsg.) (2010): Air transport: welcome on board the EU ETS!, http://www.sfwltd.co.uk/about/news/Documents/Air%20transport%20and%20EU%20ETS.%20facts-july%202010%20CDC%20Climat.pdf, abgerufen am 31.08.2011 um 20:00 Uhr

CDC climate research (Hrsg.) (2011): Assessment of supply-demand balance for Kyoto offsets (CERs and ERUs) up to 2020, http://www.cdcclimat.com/IMG/pdf/11-06_cdc_climat_r_wp11-10_equilibrium_supply-demand_cer_and_eru_by_2020.pdf, abgerufen am 28.09.2011 um 13:00 Uhr

Climate Interactive (Hrsg.) (2011). Graphs - Possibilities for the Global Climate Deal, http://climateinteractive.org/scoreboard/scoreboardscience-and-data/graphs-possibilities-for-the-global-climate-deal/graph-possibilities-for-the-global-climate-deal, abgerufen am 22.09.2011 um 11:00 Uhr

Climex (Hrsg.) (2009): First ever Exchange Traded ERU Transaction on Climex, http://newvalues.blutarsky.nl/downloads/090930%20Press%20Release%20First%20ever%20exchange%20traded%20ERU%20transaction.pdf, abgerufen am 01.09.2011 um 13:00 Uhr

$CO_2$-Verordnung (2007): SR 641.712 Verordnung über die CO2-Abgabe, http://www.admin.ch/ch/d/sr/6/641.712.de.pdf, abgerufen am 26.08.2011 um 14:00 Uhr

Commodities Now (Hrsg.) (2010): BlueNext launches Spot ERU contract, http://www.commodities-now.com/news/environmental-markets/4298-bluenext-launches-spot-eru-contract.html, abgerufen am 10.09.2011 um 17:00 Uhr

Deutsche Bank (Hrsg.) (2011): Emissionshandel im Luftverkehr, http://www.dbresearch.de/PROD/DBR_INTERNET_DE-PROD/PROD0000000000278732.pdf, abgerufen am 28.09.2011 um 19:00 Uhr

Deutscher Wetterdienst (Hrsg.) (2011): Wetterlexikon, http://www.deutscher-wetterdienst.de/lexikon/index.htm, abgerufen am 25.04.2011 um 11:00 Uhr

Diernhofer, W. (2011): Experteninterview, Wien, 05.09.2011

DPA – Deutsche Presse Agentur (Hrsg.) (2011): Australien plant nun doch Emissionshandel, http://co2-handel.de/article58_15915.html, abgerufen am 11.09.2011 um 22:00 Uhr

DW (Hrsg.) (2010): Geplanter Emissionshandel in Japan auf der Kippe, http://www.dw-world.de/dw/article/0,,6370858,00.html, abgerufen am 13.08.2011 um 16:00 Uhr

ECOFYS (Hrsg.) (2011): Allocation in phase 3 of EU ETS, http://ec.europa.eu/clima/documentation/ets/docs/benchmarking/gen_en.pdf, abgerufen am 27.07.2011 um 21:00 Uhr

Ecoplan (Hrsg.) (2010): Schweizer Emissionshandelssystem: Wie weiter nach 2012? - Analyse mit einem Mehrländer-Gleichgewichtsmodell, Bundesamt für Umwelt, Bern

Emissionshandelsrichtlinie (2003): Richtlinie 2003/87/EG des Europäischen Parlaments und des Rates vom 13. Oktober 2003 über ein System für den Handel mit Treibhausgasemissionszertifikaten in der Gemeinschaft und zur Änderung der Richtlinie 96/61/EG des Rates, Amtsblatt der Europäischen Union Nr. L 275

Emissionshandelsrichtlinie (2009): Richtlinie 2009/29/EG des Europäischen Parlaments und des Rates vom 23. April 2009 zur Änderung der Richtlinie 2003/87/EG zwecks Verbesserung und Ausweitung des Gemeinschaftssystems für den Handel mit Treibhausgasemissionszertifikaten, Amtsblatt der Europäischen Union Nr. L 140

Energy Changes (Hrsg.) (2011): Über uns, http://www.energy-changes.com/indexd.htm, abgerufen am 10.09.2011 um 08:30 Uhr

Europäisches Parlament, (Hrsg.) (2008): "20-20-20 bis 2020": EP debattiert Klimaschutzpaket, http://www.europarl.europa.eu/sides/getDoc.do?pubRef=-

//EP//TEXT+IM-PRESS+20080122IPR19355+0+DOC+XML+V0//DE, abgerufen am 27.09.2011 um 15:00 Uhr

FEDRE - Europäische Stiftung für die nachhaltige Entwicklung der Regionen (Hrsg.): EU will re-sign Kyoto if others act, http://www.fedre.org/en/content/eu-will-re-sign-kyoto-if-others-act, abgerufen am 21.09.2011 um 17:00 Uhr

First Climate (Hrsg.) (2011): Über First Climate, http://www.firstclimate.com/de/unternehmen.html, abgerufen am 10.09.2011 um 08:00 Uhr

Freestone, D. & Streck, C. (2009): Legal Aspects of Carbon Trading: Kyoto, Copenhagen, and beyond, University Press, Oxford, S. 164 ff.

FutureCamp (Hrsg.) (2011): Baustein im globalen Klimaschutz, http://www.future-camp.de/news/nachrichten/220/view/?locale=de_DE&PHPSESSID=27kbdef5u46rd4ghvt0e2d7hr7, abgerufen am 11.09.2011 um 22:00 Uhr

Gassner, J. (2011): Experteninterview, Bad Vilbel, 08.09.2011

Glock, D. (2008): Entwicklung des europäischen Handelsmarktes, In: FutureCamp GmbH (Hrsg.):Emissionshandel und Klimastrategien : Der EU-Emissionshandel 2005 bis 2007 und 2008 bis 2012 ; Neues bei bei JI, CDM und VER; Internationale Entwicklungen: EU-Emissionshandel und andere Handelssysteme nach 2012, WEKA, Kissing, S. 17-31

Glock, D. (2010): Entwicklung der Emissionshandelsmärkte, In: FutureCamp GmbH (Hrsg.): Emissionshandel und Klimastrategien : der EU-Emissionshandel 2008-12 und 2013-20, aktueller Stand und weitere Entwicklungen bei den Projektmechanismen sowie im internationalen Klimaschutz, Carbon Footprint, Klimaneutralität und Klimastrategien, WEKA, Kissing, S. 95-109

Götz, M. (2009): Internationale Entwicklungen, In: FutureCamp GmbH (Hrsg.):Emissionshandel und Klimastrategien : Rückblick auf den EU-Emissionshandel 2008 ; Neuigkeiten und erwartete Entwicklungen im Handelsmarkt bei JI, CDM und VER post 2012 ; der EU-Emissionshandel und andere Handelssysteme nach 2012, WEKA, Kissing, S. 93-113

Götz, M. (2010): Emissionshandelssysteme außerhalb der EU, In: FutureCamp GmbH (Hrsg.): Emissionshandel und Klimastrategien : der EU-Emissionshandel 2008-12 und 2013-20, aktueller Stand und weitere Entwicklungen bei den Projektmechanismen sowie im internationalen Klimaschutz, Carbon Footprint, Klimaneutralität und Klimastrategien, WEKA, Kissing, S. 71-80

Gruß, A.; Eicher, I. & Pacher, C. (2010): Der EU-Emissionshandel ab 2012 und in der Periode 2013-2020, In: FutureCamp GmbH (Hrsg.): Emissionshandel und Klimastrategien : der EU-Emissionshandel 2008-12 und 2013-20, aktueller Stand und weitere Entwicklungen bei den Projektmechanismen sowie im internationalen Klimaschutz, Carbon Footprint, Klimaneutralität und Klimastrategien, WEKA, Kissing, S. 25-52

Hervé-Mignucci, M. (2009): The CER-EUA Spread: Compliance Strategies and Arbitrage in the European Carbon Market, http://www.faee.fr/files/file/aee-se/presentation/2009-11-2/Morgan_Herve_Mignucci.pdf, abgerufen am 12.09.2011 um 23:00 Uhr

Hupfer, P. (Hrsg.); Kuttler, W.(Hrsg.); Chmielewski, F.M. & Pethe, H. (2006): Witterung und Klima - Eine Einführung in die Klimatologie und Meteorologie, 12. Auflage, B. G. Teubner Verlag, Wiesbaden, S. 25-29

IPCC (Hrsg.) (1990): Climate Change: The IPCC Scientific Assessment, University Press, Cambridge, S. 45 ff.

IPCC (Hrsg.) (1996): Climate Change 1995: The Science of Climate Change, University Press, Cambridge, S. 13 ff.

IPCC (Hrsg.) (2007a): Climate Change 2007: The Physical Science Basis. Contribution of Working Group I to the Fourth Assessment Report of the Intergovernmental Panel on Climate Change, Cambridge University Press, Cambridge, S. 212-213

IPCC (Hrsg.) (2007b): Klimaänderung 2007 – Synthesebericht, http://www.ipcc.ch/pdf/reports-nonUN-translations/deutch/IPCC2007-WG1.pdf, abgerufen am 28.04.2011 um 16:00 Uhr

JIAG - Joint Implementation Action Group (Hrsg.) (2010): CMP 6 Cancún: The JI Decision, http://jiactiongroup.com/documents/CMP6CancunJIDecisionv1.022Dec10.pdf, abgerufen am 23.09.2011 um 11:00 Uhr

Jones, P. D.; New, M.; Parker, D. E.; Martin, S. & Rigor, I. G. (1999): Surface air temperature and its changes over the past 150 years, Reviews of Geophysics, Vol. 37, No. 2, S. 173-199

KfW Bankengruppe (Hrsg.) (2004): Determinenten der Preisbildung für Emissionsrechte (EU-Allowences) im Rahmen des europäischen Emissionshandelssystems, Konzernkommunikation, Frankfurt am Main, http://www.kfw.de/kfw/de/I/II/Download_Center/Fachthemen/Research/PDF_Dokumente_Schwerpunkt-_Sonderthemen/Zertifikatspreis.pdf, abgerufen am 10.08.2011 um 22:00 Uhr

KfW Bankengruppe (Hrsg.) (2011): Carbon Offsetting in Europe Post 2012 Kyoto Protocol, EU ETS, and Effort Sharing, http://www.climatefocus.com/documents/files/carbon_offsetting_in_europe_post_2012_kyoto_protocol_eu_ets_and_effort_sharing.pdf, abgerufen am 28.09.2011 um 10:00 Uhr

Kiehl , J. T. & Trenberth, K. E. (1997): Earth's annual global mean energy budget, Bulletin of the American Meteorological Society, Vol. 78, No. 2, S. 197-208

Kiyar, D. (2008): Internationale Klimapolitik: der UNFCCC-Prozess, http://www.bpb.de/themen/JDL5PT,0,0,Internationale_Klimapolitik%3A_der_UNFCCCProzess.html, abgerufen am 30.04.2011 um 15:00 Uhr

Kohlbach, M. (2011): Experteninterview, Wien, 08.09.2011

KOM - Kommission der europäischen Gemeinschaften (Hrsg.) (2001): Mitteilung der Kommission über die Durchführung der ersten Phase des Europäischen Programms zur Klimaänderung (ECCP), Brüssel, S. 18

KOM - Kommission der europäischen Gemeinschaften (Hrsg.) (2010a): First European Climate Change Programe, http://ec.europa.eu/clima/policies/eccp/first_en.htm, abgerufen am 10.07.2011 um 08:00 Uhr

KOM - Kommission der europäischen Gemeinschaften (Hrsg.) (2010b): Emissions Trading System, http://ec.europa.eu/clima/policies/ets/index_en.htm, abgerufen am 14.07.2011 um 18:00 Uhr

KOM - Kommission der europäischen Gemeinschaften (Hrsg.) (2010c): Allocation 2005-20012, http://ec.europa.eu/clima/policies/ets/allocation_en.htm, abgerufen am 20.07.2011 um 13:00 Uhr

KOM - Kommission der europäischen Gemeinschaften (Hrsg.) (2010d): Pro und Contra strengere Emissionsziele — EU wägt ab, http://ec.europa.eu/news/environment/100527_de.htm, abgerufen am 15.08.2011 um 12:00 Uhr

KOM - Kommission der europäischen Gemeinschaften (Hrsg.) (2010e): Mitteilung der Kommission an das europäische Parlament, den Rat, den europäischen Wirtschafts- und Sozialausschuss und den Ausschuss der Regionen, Analyse der Optionen zur Verringerung der Treibhausgasemissionen um mehr als 20 % und Bewertung des Risikos der Verlagerung von CO2-Emissionen, http://eur-lex.europa.eu/LexUriServ/LexUriServ.do?uri=COM:2010:0265:FIN:DE:PDF, abgerufen am 15.08.2011 um 12:00 Uhr

KOM - Kommission der europäischen Gemeinschaften (Hrsg.) (2010f): Linking the EU ETS to other Emissions Trading Systems and incentives for international credits, http://ec.europa.eu/clima/policies/ets/linking_en.htm, abgerufen am 28.09.2011 um 22:00 Uhr

KOM - Kommission der europäischen Gemeinschaften (Hrsg.) (2010g): Beschluss der Kommission vom 24. Dezember 2009 zur Festlegung eines Verzeichnisses der Sektoren und Teilsektoren, von denen angenommen wird, dass sie einem erheblichen Risiko einer Verlagerung von CO 2 -Emissionen ausgesetzt sind, gemäß der Richtlinie 2003/87/EG des Europäischen Parlaments und des Rates, Amtsblatt der Europäischen Union Nr. L 1/10

KOM - Kommission der europäischen Gemeinschaften (Hrsg.) (2011a): Optional derogation: transitional free allowances for power generators, http://ec.europa.eu/clima/policies/ets/auctioning_derogation_en.htm, abgerufen am 27.07.2011 um 14:00 Uhr

KOM - Kommission der europäischen Gemeinschaften (Hrsg.) (2011b): Benchmarks for free allocation, http://ec.europa.eu/clima/policies/ets/benchmarking_en.htm, abgerufen am 28.08.2011 um 08:00 Uhr

KOM - Kommission der europäischen Gemeinschaften (Hrsg.) (2011c): Allocation of aviation allowances in an EEA-wide Emission Trading System, http://ec.europa.eu/clima/policies/transport/aviation/allowances_en.h tm, abgerufen am 30.08.2011 um 16:00 Uhr

KOM - Kommission der europäischen Gemeinschaften (Hrsg.) (2011d): Klimawandel: Kommission legt Fahrplan für die Schaffung eines wettbewerbsfähigen CO2-armen Europa bis 2050 vor, http://europa.eu/rapid/pressReleasesAction.do?reference=IP/11/272

&format=HTML&aged=0&language=DE&guiLanguage=en, abgerufen am 30.08.2011 um 16:00 Uhr

KOM - Kommission der europäischen Gemeinschaften (Hrsg.) (2011e): Emmissionshandel: Fünf nationale Handelsregister öffnen wieder, http://presseportal.eu-kommission.de/index.php?id=62&tx_ttnews[pS]=1296802211&tx_ttnews[tt_news]=778&tx_ttnews[backPid]=60&cHash=9ecc885fc532fc465917711969302fdb, abgerufen am 01.09.2011 um 16:00 Uhr

KOM - Kommission der europäischen Gemeinschaften (Hrsg.) (2011f): Bis 2012 zu erreichende Kyoto-Ziele der EU, http://ec.europa.eu/clima/sites/campaign/actions/euinitiatives_de.htm, abgerufen am 14.04.2011 um 15:00 Uhr

KOM - Kommission der europäischen Gemeinschaften (Hrsg.) (2011g): Beschluss der Kommission vom 27. April 2011 zur Festlegung EU-weiter Übergangsvorschriften zur Harmonisierung der kostenlosen Zuteilung von Emissionszertifikaten gemäß Artikel 10a der Richtlinie 2003/87/EG des Europäischen Parlaments und des Rates, http://eur-lex.europa.eu/LexUriServ/LexUriServ.do?uri=OJ:L:2011:130:0001:0045:DE:PDF, abgerufen am 25.09.2011 um 23:00 Uhr

KOM - Kommission der europäischen Gemeinschaften (Hrsg.) (2011h): Europäische Kommission legt Vorschriften für kostenlose Zuteilung von Emissionszertifikaten an Fluggesellschaften vor, http://europa.eu/rapid/pressReleasesAction.do?reference=IP/11/1077&format=HTML&aged=0&language=DE&guiLanguage=en, abgerufen am 28.09.2011 um 19:00 Uhr

KPC - Kommunalkredit Public Consulting GmbH (Hrsg.) (2011): Das österreichische JI/CDM-Programm, http://www.ji-cdm-austria.at/de/portal/theaustrianjicdm programme/, abgerufen am 10.09.2011 um 09:00 Uhr

Kuttler, W. (2009): Klimatologie, Schöningh, Paderborn, S. 219

Loske, R. (1990): zitiert in: Nolte & Oppel 2008

Lucht, M. (2005): Das Umfeld des Emissionshandel im Überblick, In: Lucht, M. (Hrsg.) & Spangardt, G. (Hrsg.):Emissionshandel: Ökonomische Prinzipien, rechtliche Regelungen und technische Lösungen für den Klimaschutz, Springer, Berlin, S. 1-28

Marshall, M. (2009): Timeline: Climate Change, http://www.newscientist.com/article/dn9912-timeline-climate-change.html?full=true, abgerufen am 14.05.2011 um 08:00 Uhr

Matthes, F. C. (2008): Klimawandel und Klimaschutz, http://www.bpb.de/publikationen/BF8XL3,0,Klimawandel_und_Klima schutz.html, abgerufen am 20.05.2011 um 14:00 Uhr

Met Office (Hrsg.) (2009): Noughties' confirmed as the warmest decade on record, http://www.metoffice.gov.uk/news/releases/archive/2009/warmest-decade, abgerufen am 09.05.2011 um 14:00 Uhr

MGGRA Advisory Group (Hrsg.) (2009): Draft final Recommendations, http://www.ef.org/documents/Accord_Draft_Final.pdf, abgerufen am 08.08.2011 um 14:00 Uhr

Ministry for the Environment (Hrsg.) (2008): Factsheet 16 - Major design features of the emissions trading scheme, http://www.mfe.govt.nz/publications/climate/emissionsfactsheets/factsheet-16.html, abgerufen am 09.08.2011 um 14:00 Uhr

Ministry for the Environment (Hrsg.) (2011a): Gazetting New Zealand's 2050 Emissions Target, http://www.mfe.govt.nz/publications/climate/nz-2050-emissions-target/gazetting-nz-2050-emissions-target.pdf, abgerufen am 09.08.2011 um 11:00 Uhr

Ministry for the Environment (Hrsg.) (2011b): Participating in the Emissions Trading Scheme (ETS), http://www.climatechange.govt.nz/emissions-trading-scheme/participating/index.html, abgerufen am 09.08.2011 um 11:00 Uhr

Ministry for the Environment (Hrsg.) (2011c): Report on The New Zealand Emissions Trading Scheme, http://www.climatechange.govt.nz/emissions-trading-scheme/building/reports/ets-report/ets-report-final.pdf, abgerufen am 27.08.2011 um 11:00 Uhr

Ministry of the Environment (Hrsg.) (2009): Japan's Voluntary Emissions Trading Scheme (JVETS), http://www.env.go.jp/en/earth/ets/jvets090319.pdf, abgerufen am 13.08.2011 um 16:00 Uhr

MPCCC - Multi-party climate change committee (Hrsg.) (2011): carbon price mechanism, http://www.pm.gov.au/sites/default/files/MPCC_carbon_price_mechanism.pdf, abgerufen am 11.09.2011 um 22:00 Uhr

Nazifi, F. (2010): Modeling the Price Spread between the EUA and the CER Carbon Prices, http://www.gee.ie.ufrj.br/papers2010/Fatemeh%2520Nazifi.pdf, abgerufen am 12.09.2011 um 23:30 Uhr

Nolte, A. & Oppel, J. (2008): Klimawandel: Eine Herausforderung für die Wirtschaft: Handlungsoptionen für Industrieunternehmen in Deutschland, Diplomica, Hamburg, S. 15-16

Nordhaus, W. D. (1977): Strategies for the Control of Carbon Dioxide, Cowles Foundation Discussion Papers 443, Cowles Foundation for Research in Economics, Yale University

Oberthür, S. & Ott, H. E. (2000): Das Kyoto Protokoll, Springer, Berlin, S. 78 ff.

OpenCongress (Hrsg.) (2009): H.R.2454 - American Clean Energy And Security Act of 2009, http://www.opencongress.org/bill/111-h2454/actions_votes, abgerufen am 29.07.2011 um 17:00 Uhr

OpenCongress (Hrsg.) (2011): H.R.2594 - European Union Emissions Trading Scheme Prohibition Act of 2011, http://www.opencongress.org/bill/112-h2594/text, abgerufen am 29.09.2011 um 09:00 Uhr

PEW Center on Global Climate Change (Hrsg.) (2011a): Midwest Greenhouse Gas Reduction Accord, http://www.pewclimate.org/what_s_being_done/in_the_states/mggra ; abgerufen am 08.08.2011 um 11:00 Uhr

PEW Center on Global Climate Change (Hrsg.) (2011b): North American Cap-and-Trade Initiatives, http://www.pewclimate.org/what_s_being_done/in_the_states/NA-capandtrade; abgerufen am 07.08.2011 um 18:00 Uhr

Plöchl, C. (2011): Experteninterview, Wien, 05.09.2011

Point Carbon (Hrsg.) (2011a): EU-ETS, http://www.pointcarbon.com/news/marketdata/euets/forward/eua/, abgerufen am 12.09.2011 um 20:00 Uhr

Point Carbon (Hrsg.) (2011b): CDM & JI, http://www.pointcarbon.com/news/marketdata/cdmandji/forward/scer/, abgerufen am 12.09.2011 um 20:00 Uhr

Point Carbon (Hrsg.) (2011c): Average phase 3 EUA price of €22/t, predicts Thomson Reuters Point Carbon, http://www.pointcarbon.com/aboutus/pressroom/pressreleases/1.1556678?date=20110705&sdtc=1, abgerufen am 21.09.2011 um 11:00 Uhr

Point Carbon (Hrsg.) (2011d): Swiss link-up to EU ETS could swell permit surplus, http://www.pointcarbon.com/news/1.1584125, abgerufen am 26.09.2011 um 11:00 Uhr

Point Carbon (Hrsg.) (2011e): Australia, EU to discuss carbon trading links, http://www.pointcarbon.com/news/1.1575844?date=20110905&sdtc=1, abgerufen am 28.09.2011 um 15:00 Uhr

Powernews (Hrsg.) (2011): AAU-Käufer diktieren die Konditionen, https://www.energycareer.net/unternehmen/news/nachricht/8302, abgerufen am 13.09.2011 um 09:00 Uhr

Purvis, N. & Stevenson, A. (2010): Rethinking Climate Diplomacy, New ideas for transatlantic cooperation post-Copenhagen, The German Marshall Fund of the United States, Washington, DC

Reisinger, K. (2011): Experteninterview, Wien, 05.09.2011

RGGI, Inc. (Hrsg.) (2011a): Program Design, http://www.rggi.org/design, abgerufen am 04.08.2011 um 23:00 Uhr

RGGI, Inc. (Hrsg.) (2011b): Auction Results, http://www.rggi.org/market/co2_auctions/results, abgerufen am 04.08.2011 um 23:00 Uhr

Rudolph, S. (2011): Wo sind all die Klimamärkte hin? Eine Analyse nationaler Treibhausgas-Emissionshandelssysteme in Japan, Zeitschrift für Umweltpolitik & Umweltrecht (ZfU), Band 34, Heft 2, S. 145-182

Schneider, L. & Cames, M. (2009): A framework for a sectoral crediting mechanism in a post-2012 climate regime, Report for the Global Wind Energy Council, Öko-Institut e.V., Berlin

Schroeder, D. V. (2000): An introduction to thermal physics, Addison-Wesley, San Francisco, S. 305–307

Süddeutsche Zeitung (Hrsg.) (2011): EU legt Emissionshandel lahm, http://www.sueddeutsche.de/wirtschaft/rechte-klau-eu-legt-emissionshandel-lahm-1.1048653, abgerufen am 01.09.2011 um 14:00 Uhr

Taylor, L. (2010): ETS off the agenda until late next term, http://www.smh.com.au/opinion/politics/ets-off-the-agenda-until-late-next-term-20100426-tnbc.html, abgerufen am 08.08.2011 um 18:00 Uhr

Umweltbundesamt (Hrsg.) (2005): Die projektbasierten Mechanismen des Kyoto-Protokolls, http://www.dehst.de/SharedDocs/Downloads/DE/Publikationen/JI_CDM_Informationsbroschuere.pdf?__blob=publicationFile, abgerufen am 28.06.2011 um 13:00 Uhr

Umweltbundesamt (Hrsg.) (2010): Zielvorgaben im EU Emissionshandel bis 2020, http://www.umweltbundesamt-daten-zur-umwelt.de/umweltdaten/public/document/downloadImage.do?ident=19964, abgerufen am 19.07.2011 um 14:00 Uhr

UNFCCC (Hrsg.) (1992): Rahmenübereinkommen der Vereinten Nationen über Klimaänderungen, http://unfccc.int/resource/docs/convkp/convger.pdf, abgerufen am 30.05.2011 um 12:00 Uhr

UNFCCC (Hrsg.) (1997): Das Protokoll von Kyoto zum Rahmenübereinkommen der Vereinten Nationen über Klimaänderungen, http://unfccc.int/resource/docs/convkp/kpger.pdf, abgerufen am 20.04.2011 um 10:00 Uhr

UNFCCC (Hrsg.) (2005): Guidelines for the implementation of Article 6 of the Kyoto Protocol, http://unfccc.int/files/meetings/cop_11/application/pdf/cmp1_15_guidelines_for_implementation_of_art6.pdf, abgerufen am 28.06.2011 um 17:00 Uhr

UNFCCC (Hrsg.) (2006): Proposal from Belarus to amend Annex B to the Kyoto Protocol, http://unfccc.int/resource/docs/2006/cmp2/eng/02.pdf, abgerufen am 07.07.2011 um 12:00 Uhr

UNFCCC (Hrsg.) (2007): Report of the Conference of the Parties on its thirteenth session, held in Bali from 3 to 15 December 2007, http://unfccc.int/documentation/decisions/items/3597.php?such=j&volltext=/CP.13#beg, abgerufen am 05.06.2011 um 10:00 Uhr

UNFCCC (Hrsg.) (2009a): Report of the Conference of the Parties on its fifteenth session, held in Copenhagen from 7 to 19 December 2009 http://unfccc.int/resource/docs/2009/cop15/eng/11a01.pdf, abgerufen am 06.05.2011 um 14:00 Uhr

UNFCCC (Hrsg.) (2009b): Report of the Conference of the Parties serving as the meeting of the Parties to the Kyoto Protocol on its fifth session, held in Copenhagen from 7 to 19 December 2009, http://unfccc.int/resource/docs/2009/cmp5/eng/21a01.pdf, abgerufen am 06.05.2011 um 14:00 Uhr

UNFCCC (Hrsg.) (2010a): National greenhouse gas inventory data for the period 1990–2008, http://unfccc.int/resource/docs/2010/sbi/eng/18.pdf, abgerufen am 06.07.2011 um 19:00 Uhr

UNFCCC (Hrsg.) (2010b): Report of the Conference of the Parties on its sixteenth session, held in Cancun from 29 November to 10 December 2010, http://unfccc.int/resource/docs/2010/cop16/eng/07a01.pdf, abgerufen am 06.05.2011 um 10:00 Uhr

UNFCCC (Hrsg.) (2010c): Report of the Conference of the Parties serving as the meeting of the Parties to the Kyoto Protocol on its sixth session, held in Cancun from 29 November to 10 December 2010, http://unfccc.int/resource/docs/2010/awg15/eng/crp04r04.pdf, abgerufen am 14.05.2011 um 14:00 Uhr

UNFCCC (Hrsg.) (2010d): Preparing for the implementation of the proposed Technology Mechanism, http://unfccc.int/ttclear/jsp/EGTTDoc/EGTT_Modalities_draft_working_paper_4%20November.pdf, abgerufen am 26.09.2011 um 20:00 Uhr

UNFCCC (Hrsg.) (2011a): Status of Ratification of the Convention, http://unfccc.int/essential_background/convention/status_of_ratification/items/2631.php, abgerufen am 30.05.2011 um 12:00 Uhr

UNFCCC (Hrsg.) (2011b): Status of Ratification of the Kyoto Protocol, http://unfccc.int/kyoto_protocol/status_of_ratification/items/2613.php, abgerufen am 03.06.2011 um 12:00 Uhr

UNFCCC (Hrsg.) (2011c): Meetings Archive, http://unfccc.int/meetings/archive/items/2749.php, abgerufen am 14.09.2011 um 16:00 Uhr

UNFCCC (Hrsg.) (2011d): Ad Hoc Working Group on Further Commitments for Annex I Parties under the Kyoto Protocol (AWG-KP), http://unfccc.int/kyoto_protocol/items/4577.php, abgerufen am 15.09.2011 um 20:00 Uhr

UNFCCC (Hrsg.) (2011e): Ad Hoc Working Group on Long-term Cooperative Action under the Convention (AWG-LCA), http://unfccc.int/meetings/ad_hoc_working_groups/lca/items/4381.php, abgerufen am 15.09.2011 um 20:00 Uhr

UNFCCC (Hrsg.) (2011f): Appendix I - Quantified economy-wide emissions targets for 2020, http://unfccc.int/meetings/cop_15/copenhagen_accord/items/5264.php, abgerufen am 18.09.2011 um 15:00 Uhr

UNFCCC (Hrsg.) (2011g): The United Nations Climate Change Conference in Durban, South Africa, COP 17 / CMP 7, 28 November - 9 December 2011, http://unfccc.int/meetings/cop_17/items/6070.php, abgerufen am 18.09.2011 um 16:00 Uhr

UNFCCC (Hrsg.) (2011h): Highlights of closing press briefing, UNFCCC Climate Change Conference 17 June 2011, http://www.unfccc.int/resource/podcast/pb_110617_1.mp4, abgerufen am 18.09.2011 um 17:00 Uhr

UNFCCC (Hrsg.) (2011i): UNFCCC Press Briefing, UN Climate Change Conference, Bangkok, 8 April 2011, http://unfccc.int/files/press/news_room/application/pdf/110408_pc_speaking_notes_bangkok.pdf, abgerufen am 18.09.2011 um 18:00 Uhr

UNFCCC (Hrsg.) (2011j): Questions posed by Parties, http://unfccc.int/files/meetings/ad_hoc_working_groups/kp/application/pdf/awgkp_questions_bkk2011.pdf, abgerufen am 21.09.2011 um 11:00 Uhr

UNFCCC (Hrsg.) (2011k): JI Post 2012 Issues, http://ji.unfccc.int/FAQ/index.html, abgerufen am 23.09.2011 um 14:00 Uhr

UNFCCC (Hrsg.) (2011l): Post 2012 Issues, http://cdm.unfccc.int/faq/index.html, abgerufen am 23.09.2011 um 14:00 Uhr

UNFCCC (Hrsg.) (2011m): Technology Mechanism, http://unfccc.int/ttclear/jsp/TechnologyMechanism.jsp, abgerufen am 26.09.2011 um 16:00 Uhr

UN-OHRLLS - United Nations Office of the High Representative for the Least Developed Countries, Landlocked Developing Countries and the Small Island Developing States (Hrsg.) (2011): About LDCs, http://www.unohrlls.org/en/ldc/25/, abgerufen am 19.09.2011 um 11:00 Uhr

UN-REDD Programme (Hrsg.) (2009): About REDD+, http://www.un-redd.com/AboutREDD/tabid/582/Default.html, abgerufen am 23.09.2011 um 17:00 Uhr

Verbindungsrichtlinie (2004): Richtlinie 2004/101/EG des Europäischen Parlaments und des Rates vom 27. Oktober 2004 zur Änderung der Richtlinie 2003/87/EG über ein System für den Handel mit Treibhausgasemissionszertifikaten in der Gemeinschaft im Sinne der projektbezogenen Mechanismen des Kyoto-Protokolls, Amtsblatt der Europäischen Union Nr. L 338

Vidal, J. (2010a): Cancún climate talks in danger of collapse over Kyoto continuation, http://www.guardian.co.uk/world/2010/dec/04/cancun-climate-talks-kyoto-latin-america?INTCMP=ILCNETTXT3487, abgerufen am 21.09.2011 um 15:00 Uhr

Vidal, J. (2010b): Cancún climate change summit: Japan refuses to extend Kyoto protocol, http://www.guardian.co.uk/environment/2010/dec/01/cancun-climate-change-summit-japan-kyoto?INTCMP=ILCNETTXT3487, abgerufen am 21.09.2011 um 15:00 Uhr

Vollstädt, S. (2009): $CO_2$-Emissionshandel nach 2012 – Strategien für energieintensive Branchen - Rechtliche Rahmenbedingungen des post 2012 $CO_2$-Emissionshandels, http://www.agrion.org/Frankfurt/Vollstaedt_300609.pdf, abgerufen am 20.08.2011 um 19:00 Uhr

Wagner, M. (2007): $CO_2$-Emmisionszertifikate – Preismodellierung und Derivatebewertung, http://d-nb.info/98694288X/34, abgerufen am 12.08.2011 um 18:00 Uhr

WBGU - Wissenschaftlicher Beirat der Bundesregierung Globale Umweltveränderungen (Hrsg.) (1995): Szenario zur Ableitung globaler CO2-Reduktionsziele und Umsetzungsstrategien, Bremerhaven, S. 7 ff.

WBGU - Wissenschaftlicher Beirat der Bundesregierung Globale Umweltveränderungen (Hrsg.) (2001): Welt im Wandel: Neue Strukturen globaler Umweltpolitik, Springer, Berlin, S. 76

WBGU - Wissenschaftlicher Beirat der Bundesregierung Globale Umweltveränderungen (Hrsg.) (2009): Klimawandel: Warum 2°C?, http://www.wbgu.de/fileadmin/templates/dateien/veroeffentlichungen/factsheets/fs2009-fs2/wbgu_factsheet_2.pdf, abgerufen am 12.05.2011 um 16:00 Uhr

WCI - Western Climate Initiative (Hrsg.) (2011a): The WCI Cap & Trade Program, http://www.westernclimateinitiative.org/the-wci-cap-and-trade-program, abgerufen am 07.08.2011 um 15:00 Uhr

WCI - Western Climate Initiative (Hrsg.) (2011b): WCI Partners and Observers, http://www.westernclimateinitiative.org/wci-partners-and-observers-map, abgerufen am 07.08.2011 um 16:00 Uhr

Weaver, A. J.; Zickfeld, K.; Montenegro, A. & Eby M. (2007): Long term climate implications of 2050 emission reduction targets, Geophysical Research Letters, Vol. 34, S. 1-4

Weltbank (Hrsg.) (2011): State and trends of the carbon market 2011, Washington DC, USA

WMO - World Meteorological Organization (Hrsg.) (2011): Understanding Climate, http://www.wmo.int/pages/themes/climate/understanding_climate.php, abgerufen am 25.04.2011 um 12:00 Uhr

Zillman, J.W. (2009): Adaptation to a variable and changing climate: challenges and opportunities for National Meteorological and Hydrological Services, http://www.wmo.int/pages/publications/meteoworld/archive/june09/zillman_en.html, abgerufen am 20.05.2011 um 09:00 Uhr

# ANHANG

## A.1 Interviewleitfaden

1) Glauben Sie, dass sich die UNFCCC Vertragsparteien bereits bei der nächsten Weltklimakonferenz in Durban zu einem Kyoto-Nachfolgeabkommen einigen können oder, dass es zu einem "Regulatory Gap" kommen wird?

2) Wie würde sich ein "Regulatory Gap" auswirken?

3) Während die EU sich für eine starkes (rechtlich bindendes), „top down" Klima-Regime einsetzt, befürworten andere wichtige Staaten ein schwaches (rechtlich nicht bindendes) „bottom up" Regime. Welche Variante halten Sie für wahrscheinlicher?

4) Die großen Entwicklungsländer lehnen es ab, selbst Emissionsverpflichtungen einzugehen. Einige industrialisierte Nationen, allen voran die USA, fordern aber genau das. Kann es in dieser Frage einen Kompromiss geben, wie könnte dieser aussehen?

5) Ab 01.01.2012 ist auch die Luftfahrtbranche zur Teilnahme am EU-ETS verpflichtet. Studien gehen davon aus, dass die Branche von Beginn an „short" sein wird. Welche Auswirkungen

auf den Markt sind 2012 und in Phase III des EU-ETS aus Ihrer Sicht daraus zu erwarten?

6) Die EU plant derzeit die gemeinschaftsweiten THG Emissionen bis zum Jahr 2020 um 20% (im Vergleich zu 2005) zu reduzieren, hat aber in Aussicht gestellt die eigenen THG Emissionen bis 2020 um 30% zu reduzieren, wenn ein rechtlich bindendes post-Kyoto Abkommen mit Einbeziehung andere große Emittenten zustande kommen sollte. - Unabhängig davon, wird nun eine Reduktion um 25% der THG Emissionen bis 2020 (anstelle von 20%) auf europäischer Ebene diskutiert. In diesem Fall würde ein Teil der zur Versteigerung vorgesehenen EUAs nicht in Verkehr gebracht werden.

Welche Sektoren wären in Ihren Augen davon besonders stark betroffen?

Welche Auswirkungen hätte diese Entscheidung allgemein auf den europäischen Emissionshandel?

Welche Auswirkungen hätte diese Entscheidung auf die projektbasierten KP Mechanismen JI und CDM bzw. auf den ERU- und CER-Markt?

7) Einige Studien gehen davon aus, dass CCS (carbon capture and storage) gegen Ende der dritten Verpflichtungsperiode des EU-ETS den Preis für EUAs setzen wird. Teilen sie diese Einschätzung?

8) Durch die sogenannte „Linking Directive“ ist das EU-ETS bereits indirekt mit anderen Emissionshandelssystemen verknüpft. Sehen sie die Möglichkeit einer direkten Verknüpfung des EU-ETS mit anderen „Cap-and-Trade“ Systemen?

9) Ab 2013 werden im EU-ETS nur mehr CERs, die aus CDM Projekten in den am wenigsten entwickelten Ländern stammen, oder CERs, die aus Projekten welche bis 2012 registriert wurden, akzeptiert. Nach 2012 werden ERUs generell nicht mehr akzeptiert. Wie schätzen sie die Auswirkungen dieser Entscheidung auf die jeweiligen Märkte ein?

10) Wie wird sich der internationale Emissionshandel nach 2012 aus Ihrer Sicht insgesamt verändern?

11) Gibt es aus Ihrer Sicht noch weitere wichtige Punkte, die für die Entwicklung des internationalen und europäischen Emissionshandels bis 2020 wichtig sind und bisher noch nicht angesprochen wurden?

Printed in Great Britain
by Amazon

49859809R00092